MES RÊVERIES,

TOME SECOND.

MES RÊVERIES.

OUVRAGE POSTHUME

DE

MAURICE COMTE DE SAXE,

Duc de Curlande et de Sémigalle, maréchal général des armées de sa majesté trés-chrétienne :

Augmenté d'une histoire abrégée de sa vie, & de différentes pièces qui y ont rapport,

PAR MONSIEUR L'ABBE' PÉRAU.

TOME SECOND.

A AMSTERDAM et A LEIPZIG,

Chez Arkstée et Merkus.

Et se trouve à PARIS,

Chez { DESAINT et SAILLANT, rue saint Jean de Beauvais.
{ DURAND, rue du Foin, près la rue saint Jacques.

————————————

M. DCC. LVII.

MES RÊVERIES.
LIVRE SECOND.
DES PARTIES SUBLIMES.

CHAPITRE PREMIER.

DE LA DÉFENSE, ET DE L'ATTAQUE.

JE m'étonne toujours comment on ne revient pas de l'abus de fortifier les villes. Ce propos paroîtra extraordinaire, & je dois le justifier.

Examinons premièrement l'utilité d'une forteresse.

Elle sert à couvrir un pays; à obliger l'ennemi

TOME II.   A

de l'attaquer avant de paſſer outre ; pour s'y retirer avec des troupes, les y mettre à couvert ;
pour y former des magaſins ; pour y mettre en
ſureté, pendant l'hyver, les troupes, l'artillerie,
les munitions, &c.

Si l'on examine ces choſes, l'on trouvera qu'il eſt avantageux qu'elles ſoient placées
aux confluens des rivières ; parceque, pour les
inveſtir, il faut partager les armées en trois corps
différens ; que l'on peut battre un de ces trois
corps, avant qu'il ſoit ſecouru des deux autres ;
qu'avant l'inveſtiſſement, l'on a toujours deux
côtés libres, & qu'il eſt impoſſible que l'ennemi
forme cet inveſtiſſement dans un jour ; qu'il faut
l'attirail de trois ponts, & que l'on a les haſards
pour ſoi, je veux dire les orages qui les caſſent,
& les inondations qui arrivent ordinairement
l'été.

Outre cela, en occupant un tel poſte, l'on
eſt maître du pays, l'étant des rivières ; on empêche les courſes ; & l'on a la facilité de les ra-
vitailler aiſément, d'y former des magaſins, d'y
tranſporter des munitions & toutes les choſes
néceſſaires à la guerre.

Au défaut des rivières, l'on trouve des endroits fortifiés par la nature, dont il eſt preſque impoſſible de faire l'inveſtiſſement, que l'on ne peut attaquer que par un endroit, qui avec peu de dépenſe pourroient ſe rendre pour ainſi dire imprenables : d'autres qui, par le moyen des écluſes, peuvent s'inonder à pluſieurs lieues à la ronde. Il n'y a perſonne qui ne convienne qu'il ſe trouve de pareilles ſituations, & qu'en ajoutant l'art à la nature, l'on n'en faſſe des pla-ces imprenables ; car je compte la nature infini-ment plus forte que l'art : pourquoi donc n'en pas profiter ? Peu de villes ont été fondées à ces fins : le négoce à cauſé leur augmentation, & le haſard a choiſi leur ſituation. Ces villes, par la ſucceſſion des temps, ſe ſont accrues ; les bourgeois les ont enceintes de murailles, pour ſe défendre contre les courſes des ennemis, & pour ſe garantir des troubles inteſtins qui agi-tent les états.

Juſques-là tout eſt dicté par la raiſon : les bour-geois les ont fortifiées pour leur conſervation ; ils les ont défendues. Mais pourquoi les princes ſe ſont-ils aviſés de les fortifier ? Cela pouvoit avoir quelqu'apparence de raiſon, du tems que la chrétienté vivoit dans le barbariſme, que l'on faifoit des efclaves les uns fur les autres, & que l'on dévaftoit les pays : mais à préfent que l'on fait la guerre avec plus de modération, qu'eft-ce que l'on a à craindre? Eft-ce qu'une ville qui fera enceinte d'une bonne muraille, d'un boulevard, où l'on mettroit trois ou quatre cent hommes de garnifon joints à la bourgeoifie, avec quelques pièces de canon de fer, ne fera pas auffi-bien en fureté que s'il y avoit plufieurs milliers d'hommes? Car je foutiens que ces troupes ne fe défendront pas plus longtemps que ces quatre cent hommes, & que la capitulation pour les bourgeois n'en fera pas meilleure.

Outre cela, qu'eft-ce qu'en fera l'ennemi, quand elle fera prife? La fortifiera-t-il? je penfe que non. Ainfi il fe contentera d'une contribution, & paffera outre; peut-être même ne l'affiégera-t-il pas, parcequ'il ne fçauroit la conferver. De fe hafarder d'y laiffer une petite garnifon, c'eft ce qu'il ne fera jamais; & d'y en mettre une groffe, encore moins, parcequ'elle ne feroit point en fureté.

Une raifon plus forte encore me perfuade que les villes fortifiées font de mauvaife défenfe. C'eft que, fuppofé que l'on faffe un ma-

gafin de vivres pour trois mois de garnifon;
dès qu'elle eſt inveſtie, il n'y a pas pour huit
jours de vivres, parceque l'on n'a pas compté
fur vingt; trente ou quarante mille bouches
qu'il faut nourrir, par la raifon que les habitans
de la campagne s'y réfugient avec leurs effets, &
augmentent le nombre des bourgeois. Les ri-
cheffes d'un prince ne s'étendent pas à faire de pareils magafins dans toutes les places qui font en
rifque d'être attaquées, & de les renouveller
tous les ans; & quand il auroit la pierre philo-
fophale, il ne le pourroit pas, parcequ'il mettroit la famine dans le pays.

J'entends dire à quelqu'un : Je mettrai à la
porte les bourgeois qui ne pourront faire leur
provifion. C'eſt une défolation pire que celle
que peut caufer l'ennemi : car combien y en
a-t-il dans une ville qui ne vivent qu'au jour la
journée? Outre cela, eſt-on fûr que l'on fera
inveſti? Et quand on l'eſt, l'ennemi laiffera-t-il
tranquillement retirer cette multitude? il la re-
chaffera dans la ville. Qu'eſt-ce que fera monfieur le gouverneur? Laiffera-t-il mourir de faim
ces miférables? Pourra-t-il juſtifier cette conduite devant fon fouverain? Que fera-t-il donc?

Il faudra qu'il leur faſſe part de ſon magaſin, & qu'il ſe rende au bout de huit ou quinze jours.

Car ſuppoſé qu'il y ait dans une ville cinq mille hommes de garniſon, qu'il y ait outre cela quarante mille bouches, que le magaſin ſoit pour trois mois; les quarante-cinq mille bouches mangeront en un jour ce que les cinq mille auroient mangé en neuf: ainſi la place ne peut tenir qu'aux environs de dix à douze jours. Mettons qu'elle en tienne vingt, ce n'eſt pas la peine de l'attaquer; elle eſt obligée de ſe rendre d'elle-même: & tous les millions qu'on a employés pour la fortifier font une dépenſe inutile.

Il me ſemble que ce que je viens de dire doit bien perſuader des défauts irrémédiables des villes fortifiées; & qu'il eſt plus avantageux pour un ſouverain d'établir ſes places d'armes dans des endroits aidés de la nature, & avantageux pour couvrir un pays, que de fortifier des villes avec des dépenſes immenſes, ou d'augmenter leurs fortifications. Il faudroit au contraire, après en avoir établi d'autres, les raſer toutes juſqu'aux remparts. Du moins faudroit-il ne plus ſonger à en fortifier, & employer cet argent à en conftruire de nouvelles.

Quoique ce que je dis là foit fondé fur la raifon, je ne penfe pas que perfonne s'en avife, tant l'ufage eft une belle chofe, & tant il a de puiffance fur nous. Une place, comme je la fuppofe, peut tenir plufieurs mois de tranchée ouverte, & même des années, parceque la bourgeoifie ne l'embarraffe pas; & que, lorfqu'il y a des vivres, l'on fçait combien le fiége en doit durer.

Les fiéges que l'on a faits en Brabant n'auroient point eu de fuccès fi rapides, fi les gouverneurs n'avoient calculé le temps de leur réfiftance avec celui de la durée de leurs vivres : C'eft pourquoi ils defiroient, autant que les ennemis, que la brêche fût bientôt prête, pour pouvoir fe rendre honorablement. Malgré cette bonne volonté mutuelle, j'ai vu plufieurs gouverneurs être obligés de fe rendre, fans avoir eu l'honneur de fortir par la brêche.

Je ne m'étendrai pas fort au long fur ce qui regarde la manière de défendre les places, parceque je ne prétends pas, dans cet ouvrage, traiter toutes les parties de la guerre en détail. Mon intention eſt ſimplement d'expoſer celles de mes idées qui me paroiſſent neuves.

J'ai remarqué dans les ſiéges, que, dès les commencemens, l'on garnit beaucoup le chemin-couvert, que l'on en fait un grand feu de mouſqueterie, & que ce feu ne fait pas un grand dommage. Cela ne vaut abſolument rien, parceque l'on fatigue les troupes de façon qu'on les excède. Le ſoldat, que l'on fait tirer toute la nuit, s'ennuie; ſon fuſil ſe craſſe, ſe démantibule, & il paſſe le lendemain une partie du jour à le nétoyer & à le rajuſter, à faire des cartouches : enfin cela lui emporte tout le repos qu'il devroit prendre; choſe qui eſt d'une conſéquence infinie, & qui entraîne après ſoi, ſi l'on n'y fait grande attention, des maladies & un dégoût auſquels la bonne volonté ne réſiſte pas.

C'eſt cependant ſur les fins d'un ſiége où il faut marquer le plus de vigueur, parceque c'eſt alors qu'il eſt queſtion des coups de main; & que plus vous marquez de vigueur, & plus l'ennemi ſe dégoûte; parcequ'alors les maladies ſe mettent dans ſon camp, que les fourages & les vivres lui manquent, & enfin que tout concourt

à ſa

à sa ruine; ce qui décourage & officiers & soldats. Si, avec cela, ils sentent que la résistance devient plus forte qu'elle n'étoit, & qu'elle augmente à mesure qu'ils se flattent de la voir diminuer, ils ne sçavent plus où ils en sont, & se dégoûtent totalement. C'est pourquoi il faut réserver les meilleures troupes pour les coups de main, ne leur pas seulement permettre de mettre le nez sur le rempart, & surtout ne point faire faire des veilles à ces troupes-là ; mais, dès qu'elles ont fait leur expédition, les renvoyer dans leurs casernes, dans leurs souterrains, ou bien où on les aura logées.

Mais pour en revenir au feu du chemin couvert ou des remparts sur les travailleurs, pendant la nuit, ce n'est presque que du bruit; car les soldats, pour ne se point donner la peine de bourrer, parceque cela les fatigue, prennent la poudre à poignée, la jettent dans le fusil, mettent une bale par-dessus, puis tirent. Où tirent-ils? en l'air; parcequ'à force de tirer, l'épaule leur devient douloureuse, cette douleur dure pendant tout le siége ; & comme dans l'obscurité l'officier ne peut les voir, ils passent le bout du fusil sur la palissade, la bale va où elle peut, & ils dorment à moitié.

Il vaut beaucoup mieux placer vers la fin du jour beaucoup de canons à barbetttes, foit dans le chemin couvert, foit fur les remparts; les aligner avec de la craie fur les batteries, pour les faire tirer dans les environs où l'on croit qu'il en eft befoin; les charger à cartouche, & tirer ainfi toute la nuit; puis les ôter à la pointe du jour. Ce feu eft de tous le plus meurtrier; parcequ'il perce & gabions & fafcines; que les bleffures en font mortelles, les bales étant groffes comme des noix; que ces bales balaient continuellement toute la largeur de la tranchée, vont par bonds & ricochets bien loin par delà. Le canon de l'ennemi ne fçauroit le faire taire pendant la nuit; & cela tue comme mouches les travailleurs & ceux qui mènent le canon fur les batteries.

Enfin, pour fervir douze pièces de canons ainfi difpofées, il ne faut que trente-fix foldats & douze canoniers; & je me perfuade qu'ils feront plus de mal que mille hommes à qui l'on auroit fait paffer la nuit à tirer dans le chemin couvert. Pendant ce temps, vos troupes fe repofent tranquillement, & font le lendemain en état de relever les poftes, ou d'être employées au travail.

Que l'on ne m'allègue point que cela con-fomme de la poudre ; les foldats en gafpillent plus pendant la nuit, qu'ils n'en tirent : & quand cela feroit, il n'y a qu'à tirer avec moins de pièces, il en refultera toujours un avantage, qui eft que vos troupes feront moins fatiguées, & que par conféquent vous aurez moins de malades : car rien n'en caufe tant que les veil-les.

Je dois dire un mot fur les ouvrages de for-tifications : Tous les anciens ne valent rien, les modernes ne valent guère mieux. Le roi de Pologne * feul a formé un fyftême de fortifica-tion qui eft admirable. Mais comme l'on ne fait pas les places comme on les fouhaiteroit, & qu'il faut s'en fervir comme elles font, il faudroit tâcher de pratiquer aux ouvrages dé-tachés de grandes rampes, pour pouvoir les r'at-taquer par derrière l'épée à la main : car quand l'ennemi s'y eft logé, fon logement contient peu de monde, parceque les couvreurs & les tra-vailleurs font obligés de fe retirer. Or, fi vous

* Augufte II, père de l'auteur.

B ij

pouvez aller à eux & les attaquer en plus grand
nombre, indubitablement vous les chaſſez ; &
avant qu'ils aient commandé un nouvel aſſaut
& de nouveaux travailleurs, leur logement eſt
comblé. Vous le pouvez en toute ſureté, parceque vous n'êtes point vu de leur canon, ni
du feu de leur tranchée ; il faut donc qu'ils donnent un nouvel aſſaut où vous leur tuez une
infinité de monde, parcequ'ils ſont obligés de
venir en force.

Quand le logement eſt fait & que leurs couvreurs ſont retirés, vous recommencez. Rien
n'eſt ſi meurtrier & ne déſole tant, & l'avantage eſt toujours du côté des aſſiégés. Sans cela,
tout ouvrage emporté eſt un ouvrage perdu,
parceque l'on ne ſçauroit y aller ; & que l'ennemi y eſt en ſureté, parcequ'il a un chemin
pour y aller, je veux dire la brèche, & que
vous n'en avez point : ce qui fait qu'il faut toujours retirer les troupes qui ſont deſſus, dès que
l'ouvrage eſt mûr, & qu'il faut l'abandonner.
Faire autrement, ſeroit vouloir perdre inutilement du monde.

A la vérité, l'on fait des coupures : mais elles
ne ſont bonnes que lorſqu'elles ont été conſ-

truites avec l'ouvrage ; je veux dire, lorfque l'endroit, où elles doivent fe faire un jour, eft revêtu des deux côtés d'un mur , pour qu'en un cas de fiége l'on n'ait qu'à en tirer la terre ; ce qui vous forme tout d'un coup un foffé revêtu à votre coupure. Mais s'il n'y a plufieurs forties ou portes, vous n'aurez pas la facilité d'aller à l'ennemi : & dès qu'il fera logé fur l'ouvrage, il fe moquera de vous, & vous gagnera, en pouffant des fapes.

Il y a encore plufieurs chofes à faire & que l'on ne fait pas : mais cela allongeroit trop cet ouvrage ; & ce que j'en ai dit eft fuffifant pour faire voir que les affiégés n'ont pas, pendant le cours d'un fiége, une plus avantageufe occafion de combattre l'ennemi , que celle que leur fourniffent les ouvrages détaché, pourvu que l'on puiffe y communiquer.

Bien des gens croient, que lorfque la brèche eft faite, il n'y a plus de falut , & qu'il faut abandonner l'ouvrage. Il eft vrai que l'on ne fçauroit empêcher le logement ; mais on peut les en chaffer, & les obliger de donner cent affauts, parceque l'on peut s'y maintenir toujours plus fort qu'eux, & leur tuer avec avantage une infinité de monde. Ils n'ont, en ce cas, qu'un parti à prendre, qui eſt de faire ſauter l'ouvrage : mais il y a apparence qu'ils s'en aviſeront un peu tard. C'eſt pourquoi les ouvrages ſpacieux ſont avantageux : car dans les petits il n'y a rien à faire, & on les réduit trop tôt en poudre.

Dans les foſſés qui ſont pleins d'eau, il y a une choſe à faire qui eſt extrêmement meurtrière : c'eſt d'avoir des barques couvertes de madriers, y mettre des ſoldats pour empêcher le travail de la galerie. Il eſt certain que, tant que ces barques ſubſiſteront, il eſt impoſſible de faire la galerie, parceque ces ſoldats vont tuer les ouvriers à brûle-pourpoint : le feu de la mouſqueterie ne leur fait rien, parcequ'il vient en plongeant. Il faudra donc établir des batteries ſur l'angle ſaillant du foſſé : quand cela eſt fait, elles eſſuient deux coups, & les voilà à couvert dans cet angle ; & il n'y a point de remède, que de deſcendre le canon à fleur d'eau, & de percer le revêtement, ce qui eſt un opéra. On peut ſe ſervir de cet expédient, pour empêcher la conſtruction de la galerie, lorſqu'on n'eſt pas encore prêt avec la coupure ſur l'ouvrage, ce qui retarde l'aſſaut de pluſieurs jours.

CHAPITRE DEUXIEME.

RÉFLEXIONS SUR LA GUERRE EN GÉNÉRAL.

JE prends les objets comme ils se présentent à mon idée ; ainsi on ne doit pas être supris si je quitte le chapitre de la fortification, pour y revenir après : c'est parceque j'ai cru cette digression nécessaire ici, avant que d'entrer plus particulièrement dans ce qui regarde chaque chose.

Bien des gens sont dans l'opinion qu'il est avantageux d'être de bonne heure en campagne. Ils ont raison, lorsqu'il est question d'occuper un poste important ; sans cela, il me semble qu'il ne faut pas tant se presser, & tâcher d'y rester plus longtems. Qu'importe que l'ennemi fasse des siéges ? il s'affoiblira à mesure qu'il en fera : & si vous vous mettez à ses trousses vers l'automne avec une armée bien ménagée & en bon état, vous le ruinerez.

J'ai

J'ai toujours remarqué que, durant une campagne, les armées fondent d'un tiers, quelquefois de la moitié ; & que le cavalier furtout étoit dans un piteux état au commencement d'octobre, c'eft-à-dire, hors d'état de tenir la campagne. Je voudrois jufqu'alors me tenir couvert ; inquieter l'ennemi par des détachemens, & fur les fins d'un bon fiége me mettre à fes trouffes : je crois que j'en aurois bon marché, & qu'il fongeroit bientôt à fe retirer ; ce quipeut-être ne lui feroit pas tout-à-fait aifé devant des troupes bien ménagées & bien complettes : il pourroit bien y laiffer fes bagages, fon canon, & une partie de fa cavalerie, avec tout fon charroi ; ce qui ne lui faciliteroit pas le moyen d'être l'année d'enfuite de fi bonne heure en campagne ; peut-être même n'oferoit-il pas reparoître. C'eft l'affaire d'un mois : & puis l'on s'en retourne dans fes quartiers fans être trop délabré, & l'ennemi eft abîmé ; car huit jours de plus feulement le ruinent quelquefois. L'on trouve dans ce tems-là les granges pleines, du fec partout, & l'on a peu de maladies.

L'on peut même alors tourner fes pas d'un autre côté, fubfifter tout l'hyver dans le pays

ennemi : la faifon de l'hyver.n'eft point à craindre pour les troupes, comme on le croit. J'ai
fait des campagnes dans des climats affreux
pendant plufieurs hyvers ; les hommes & les
chevaux fe portoient bien. Il n'y a point de maladies à craindre, les fièvres n'y règnent jamais
comme en été, & les chevaux font en bon
état.

Il y a telle fituation qui vous permet de
cantonner vos troupes, elles y font en fureté, les vivres abondent ; le tout eft de fçavoir
les faire venir. On ne vit point aux dépens
de fon maître : au contraire, un habile général peut tirer par les contributions de quoi
faire fubfifter l'armée la campagne d'après. Le
foldat vit à l'aife, il eft joyeux & content, parcequ'il n'eft point fatigué, qu'il eft bien logé,
bien chauffé & qu'il a abondance de tout. Mais
pour cela il faut fçavoir tirer les vivres & l'argent de loin, fans fatiguer les troupes. Si l'on
fait de gros détachemens, ils font en rifque
d'être attaqués & enlevés; cela fatigue les troupes, & ne produit pas beaucoup.

Pour y remédier, il faut envoyer des lettres
circulaires dans les pays que l'on veut faire

contribuer ; faire sçavoir qu'en tel tems il sortira des partis, qui mettront le feu chez ceux qui ne se feront pas pourvus des quittances de la taxe imposée, qui doit être modique. Ensuite l'on choisira des officiers intelligens, que l'on enverra avec des partis de vingt-cinq à trente hommes, qui auront ordre de ne marcher que de nuit, de ne faire aucun dégât, sous peine de la vie, en rendre l'officier responsable ; & leur donner à chacun un certain nombre de villages à visiter.

Quand ils seront arrivés sur les lieux, & qu'il sera tems de sçavoir si ces villages ont payé, ils enverront le soir un sergent avec deux hommes, sçavoir chez le principal du lieu, s'il est pourvu d'une quittance. S'il ne l'est pas, celui qui conduit le parti doit sur le champ se montrer avec sa troupe, & mettre le feu à une maison, avec menace de revenir & d'en brûler davantage ; ne point piller, ni prendre la somme exigée, ni une plus grande : mais passer outre.

Avant que de rentrer dans les quartiers, tous les partis doivent se rendre en un certain lieu ; là il faut faire fouiller & pendre sans miséricorde ceux qu'on trouvera s'être emparés de la moindre chofe. Si au contraire ils ont fidèlement fuivi les ordres qu'on leur a donnés, ils doivent être récompenfés : moyennant quoi, cette méthode de faire contribuer deviendra familière aux troupes, & le pays à cent lieues à la ronde apportera & vivres & argent en abondance : l'on ne fatiguera point les troupes. Une vingtaine de partis par mois feront toute la befogne. Ces partis ne fçauroient être découverts, quelque perquifition que l'ennemi en faffe : & comme c'eft un mal que l'on fent, & que l'on ne fçauroit voir que lorfqu'il fait fon effet, il augmente l'effroi ; & perfonne ne dort en repos qu'il n'ait payé, quelque défenfe que l'ennemi faffe ; les habitans fe délivreront de cette crainte en payant.

Une groffe exécution, je veux dire un gros corps en exécution, embraffe peu de pays, & met le trouble partout où il fe trouve : les habitans cachent leurs effets, leurs beftiaux ; & dans cet état l'on en tire peu, parcequ'ils fentent bien que l'on ne fçauroit demeurer longtems, qu'ils efpèrent du fecours, & qu'ils vont le chercher eux-mêmes ; ce qui, bien fouvent,

eſt cauſe que ces corps ſont obligés de ſe retirer à la hâte, ſans avoir beaucoup opéré, & que
l'on y laiſſe toujours quelqu'un. Lorſque les
choſes vont au mieux, celui qui commande le
détachement, ſoit crainte, ſoit prudence, ou
intérêt propre, fait une compoſition telle quelle avec les habitans ; & ne ramène que des
troupes haraſſées, en mauvais état, quelques vivres, peu d'argent. Voilà le ſuccès qu'ont ordinairement les contributions : au lieu que, de la
façon dont je le propoſe, tout vient à bien, &
de lui-même.

Comme on ne fait payer que tant par mois,
les habitans s'entr'aident, & peuvent fournir
d'autant plus, qu'ils ne ſont pas troublés par la
préſence des troupes, qu'ils ont du tems devant
eux, & qu'ils ne voyent aucun remède pour éviter d'être brûlés, s'ils ne ſatisfont. Enfin, l'on em-
braſſe un pays immenſe : les plus éloignés fondent leurs denrées pour apporter de l'argent, &
les plus voiſins apportent des vivres : car il faut
toujours laiſſer le choix.

Il faut que ces partis jouent de malheur, ou
que ceux qui les conduiſent ne ſçachent pas leur
métier, pour être découverts : car avec un parti

de vingt-cinq hommes à pied l'on peut paſſer
un royaume ſans être pris; il chemine dès qu'il
eſt découvert, & une armée ne le prendroit pas.

La dernière guerre a fait voir la vérité de ce
que je dis. L'année 1710 * je fus attaqué entre
Bruxelles & Malines par un parti françois. Trois
jours après, un autre de cinquante hommes en-
tra en plein jour dans Aloſt, qui eſt à cinq lieues
de Bruxelles, me prit des équipages ſur la place. Il y avoit pendant ce tems-là quinze cent
hommes à la porte de la ville, qui attendoient
les billets de logement qui ſe faiſoient à l'hôtel
de ville. Je penſai y être pris. L'on n'oſoit aller
par la barque de Bruxelles à Anvers ſans un paſſeport dans ſa poche, parcequ'elle étoit arrêtée
deux ou trois fois tous les jours : perſonne n'o-
ſoit aller ſe promener dans les fauxbourgs de
Bruxelles, Louvain, Anvers, Malines, ſans être
muni de paſſeport. Cependant les alliés étoient
les maîtres de toute la Flandre; Lille, Tournai,
Mons, Douai, Gand, Bruges, Oſtende, & toute
la barrière étoit à eux. Il y avoit cent quarante
mille hommes de troupes dans ces différentes gar-

---

* Le comte de Saxe ſervoit alors dans l'armée des alliés en qualité de
volontaire.

niſons; c'étoit au cœur de l'hyver : cependant les partiſans françois étoient partout. Cela prouve bien la poſſibilité de ce que j'avance, & me per-ſuade que le ſuccès en eſt infaillible.

Si les princes qui ont fait la guerre en Pologne s'y étoient pris de cette façon-là, ils n'auroient pas ruiné leurs armées & leurs affaires.

Si Charles XII n'étoit entré en Saxe, il étoit perdu; ceux qui ont vu les Suédois en ce tems-là, conviendront de cette vérité. Si Guſtave Adolphe eût prit des poſtes avantageux, & s'il avoit ſubſiſté comme je le propoſe, il s'y feroit ſoutenu toute ſa vie, & auroit pu y augmenter ſes troupes; car l'on en fait en Pologne tant que l'on veut. Cela me donne envie de faire un plan de guerre pour ceux qui auront à la faire en Pologne.

CHAPITRE TROISIEME.

DIGRESSION SUR LA POLOGNE. DESCRIPTION
DE CE PAYS. PROJET DE GUERRE POUR UNE
PUISSANCE QUI SEROIT DANS LE CAS DE LA
FAIRE A CETTE RÉPUBLIQUE.

LA Pologne eſt un pays ouvert, ſans villes
fortifiées, aſſez peuplé, très-grand, rempli de
grains & de beſtiaux, & de choſes néceſſaires à
la vie; très-couvert de bois, coupé par pluſieurs
grandes rivières toutes navigables, aſſez rempli
d'argent. L'air y eſt ſain, les maladies n'y règnent point comme dans d'autres climats; les
étrangers comme les habitans s'y portent bien;
& c'eſt un vrai pays pour la guerre. La promptitude avec laquelle il s'eſt rétabli, après vingt
ans de guerre & de peſte, en eſt une preuve.

La manière vagabonde dont les Polonois font
la guerre, fait que l'ennemi, lorſqu'il s'attache
à les ſuivre, eſt bientôt hors d'état de réſiſter à
leurs

leurs continuelles courfes. Il ne faut donc point les fuivre du tout, prendre des poftes fur les rivières, les fortifier, s'y baraquer, & faire contribuer les provinces de la façon dont je l'ai dit.

Toute la république enfemble n'eft pas en état de prendre une redoute bien paliffadée; il n'y a rien de ce qu'il faut pour former le moindre fiége; il n'y a ni artillerie, ni munitions; & le gouvernement eft établi de façon que, tant qu'il fubfiftera, il ne pourra rien y avoir de toutes ces chofes-là. C'eft un fait que ne me difputeront pas ceux qui la connoiffent; & quand ils les auroient, ces chofes néceffaires pour la guerre, ils ne les conferveroient pas longtems.

Comme le pays eft tout ouvert, que toutes leurs forces confiftent en cavalerie, tous ceux qui y ont fait la guerre ont cru qu'il ne falloit leur oppofer que de la cavalerie : ce qui les a mis dans la néceffité de toujours changer de lieux pour fubfifter, de fe féparer fouvent, & d'envoyer toujours des détachemens en exécution, pour avoir des vivres.

La cavalerie polonoife, qui eft fort lefte,

tombe fur ces détachemens ; & bien qu'elle n'en
batte guère, elle ne laiffe pas que de les écor-
ner par-ci, par-là ; ce qui ruine enfin, outre que
cela fatigue extrêmement les troupes. Mais pour
donner une idée de ces combats, il faut que je
faffe la relation de deux affaires qui font arri-
vées pendant le temps de la dernière guerre que
les troupes faxones ont eues avec les confédérés de Pologne.

L'année 1716, une partie de la Pologne fe
fouleva pour chaffer les troupes faxones. Nous
étions féparés dans différentes provinces : tout-
à-coup ce feu parut. L'armée de la couronne
ou l'armée de la république, confiftante en vingt
mille hommes, tomba d'abord fur le régiment
de la reine-cavalerie, l'inveftit dans un village :
ce régiment fe rendit par compofition & fans
fe défendre, & fut quelques heures après taillé
en pièces de fang-froid. Delà ils furent attaquer
deux régimens de dragons qui, ayant appris
cet événement, s'étoient mis en marche pour
fe joindre à d'autres troupes faxones ; ils les
attaquèrent : & ceux-ci ayant appris, par l'exemple du régiment de la reine, qu'il ne falloit pas
fe rendre, fe défendirent, les battirent à platte

couture, & prirent plus de vingt paires de timbales, avec des bottes d'étendards & de drapeaux. Cela arriva entre Cracovie & Sandomir, auprès d'un village nommé Tornos; c'é-
toit monfieur de Clingenberg, qui vit encore,
qui commandoit ces deux régimens de dragons.

J'étois allé, de Jarisloff, en Lithuanie, pour
aider à éteindre le feu qui avoit menacé de paroître de ce côté-là, lorfque cela arriva : j'avois
laiffé un détachement de quatre-vingt maîtres à
Jarisloff, pour faire payer quelques contributions qui reftoient dues aux troupes. Les Polonois confédérés inveftirent la place, qui eft une
petite ville entourée d'un mauvais boulevard,
firent trois attaques générales, & furent repouffés.

Au bout de quinze jours, l'officier qui commandoit ce détachement, & qui fe nommoit
Stegman, n'ayant plus de vivres, parla de rendre la place. Après bien des allées & des ve-
nues, on lui accorda tous les honneurs de la
guerre, & un chariot dans lequel étoient quarante mille écus, chofe bien tentante pour les
Polonois. Il fort, on le laiffe paffer : au bout

de deux jours de marche, on détache après
lui huit cent chevaux, qui l'atteignirent bientôt & l'attaquèrent; il se bat avec eux pendant
six jours, sans discontinuer de faire route.

Enfin, il vint me joindre à mon retour de
Lithuanie, auprès de Varsovie, à cent lieues de
Jarisloff, avec son chariot, les quarante mille
écus, & soixante-huit maîtres, avec deux paires
de timbales qu'il leur avoit prises, chemin faisant,
n'ayant jamais pu être entamé, & n'ayant perdu
dans tous ces différents combats que seize cavaliers. Cela paroît fabuleux; cependant rien n'est
plus certain. Je pourrois encore faire le récit de
pareilles affaires; mais en voilà assez pour donner une idée de ce peuple, & de sa façon de
combattre.

Il n'est donc pas étonnant que ceux qui ont
fait la guerre en Pologne se soient séparés, &
aient fait des marches continuelles, bien souvent
forcées, pour les atteindre, & quelquefois pour
subsister : mais tout cela ne mène à rien avec
eux, parcequ'ils sont d'une si grande légèreté,
qu'ils font souvent des trente & quelquefois des
quarante lieues dans un jour avec de gros
corps; de façon que, sans aucune nouvelle, ils

vous tombent fur les bras , comme s'ils tom-
boient des nues; quelquefois ils vous furpren-
nent , & toutes les affaires ne font pas heu-
reufes.

Outre cela, l'on n'y gagne rien de cette manière. Il faut donc les laiffer courir, & s'attacher
à occuper de bons poftes, d'où l'on fait contribuer le pays d'alentour par des partis à pied.
Comme le pays eft couvert, c'eft chercher ,
comme l'on dit, une épingle dans une botte
de foin que de chercher ces partis; & quand on
les trouve, il n'y a que des coups de fufil à
gagner : & à moins que ces partis n'entrent
de jour dans des villages , & ne s'y amufent à
boire , il eft prefque certain qu'ils feront leur
expédition, fans être feulement apperçus.

De plus, cela écarte les Polonois des lieux où
l'on prend des poftes, parcequ'ils craignent extrêmement l'infanterie, & que cette façon de
faire la guerre leur eft toute nouvelle; & qu'ils
n'oferoient s'amufer à boire dans les villages ,
crainte d'y être furpris, rifque qu'ils ne courent
pas avec la cavalerie allemande , parcequ'elle
eft lourde; & qu'il eft impoffible qu'un parti
foit en campagne, fans qu'ils ne le fçachent par

les prêtres & les gentilshommes qui vont à toutes jambes les avertir & fe mettre de la partie :
de façon que l'on peut toujours compter d'être
accompagné dans les marches, cherchant l'occafion de vous entamer, ou d'accrocher quelques traîneurs, ou quelqu'un qui s'écarte.

Les poftes qu'il y a à prendre font : premièrement, la pointe du Werder auprès de Marienbourg, où la Viftule fe fépare : par ce moyen,
on eft le maître de la Pruffe polonoife, du Werder, pays riche, abondant & peuplé ; par ce
moyen, l'on a Dantzick ville anféatique, El-
bing, Marienbourg & Konifberg fur fes derrières ; tous endroits qui fourmillent d'Allemands, & où on peut faire quantité de bonnes recrues. Outre cela, il y a beaucoup
d'artifans & de marchandifes ; Konifberg &
Dantzick font deux ports où abordent beaucoup de vaiffeaux de tous les pays de l'Europe, moyennant quoi l'on peut avoir des officiers & toutes fortes de munitions, ce qui n'eft
pas en Pologne ; on leur ôte en même tems la
facilité d'avoir ces chofes-là.

Le pofte dont je parle eft beau & bon. La
Viftule baigne des deux côtés cette ifle : ce fleuve

eſt large dans cet endroit ; & le fort qu'on y
conſtruiroit ne ſçauroit être attaqué que par
une langue de terre étranglée qui a deux
lieues de long : & ceux qui s'aviſeroient de l'attaquer pourroient bien y trouver de grands
obſtacles. Deux petits forts, l'un ſur la droite,
l'autre ſur la gauche de la Viſtule, en rendent
l'inveſtiſſement impraticable aux Polonois,
d'autant plus qu'il leur faudroit l'attirail de trois
grands ponts de batteaux pour ſe communiquer ; ce qui eſt une grande affaire, non ſeulement pour les Polonois , mais pour toute autre nation qui viendroit faire la guerre en Pologne.

Ces forts ſeroient bientôt conſtruits. La Pologne eſt le premier pays du monde pour y faire
promptement des fortifications : la terre eſt aiſée ; les ſapins n'y manquent pas , ce ſont des
paliſſades toutes faites ; il n'y a qu'à les couper
de longueur & les planter ; ils ont un pied de
diamètre & plus quelquefois, & cela ne ſe ha-
che pas ſi aiſément. Outre cela , l'on en conſ-
truit des caſernes très-vîte, parceque les murailles ſe font de ces mêmes arbres, ainſi que tout le
reſte des bâtimens. Cela fait des bâtimens très-

fains, fpacieux, & chauds en hyver, & qui font faits en moins de rien : de forte que l'on peut conftruire & cafernes & magafins en très-peu de tems & fans frais; il ne faut que des haches, & tous les foldats font propres à cette conftruction.

Je laifferois dans ce pofte quatre mille hommes, & ils y feroient bien en fureté. Enfuite, j'irois à dix lieues de là prendre un pofte à Gaudents fur la Viftule. C'eft une petite ville fituée fur une hauteur, dans un marais qui a près de deux lieues de diamètre. L'on y arrive par une chauffée : cela parle de foi-même, fans que j'en dife rien. J'y mettrois mille hommes.

De là, j'irois dans une ifle qui eft auprès de Thorn, où j'établirois un pofte pareil, au confluent de la Viftule avec le Bouc; j'établirois cinq mille hommes. Ce pofte eft admirable par fa fituation. Le Bouc eft une grande rivière fur laquelle fe fait tout le négoce de la baffe Lithuanie.

De là, j'irois à Janowitz, où je laifferois mille hommes : de là, dans le confluent de la Sonna avec la Viftule auprès de Sandomir. Ce pofte eft bon : la Sonna tient le commerce d'une

partie

partie de la Ruffie polonoife : j'y laifferois cinq mille hommes.

Je mettrois un pofte dans une ifle qui eft entre Sandomir & Cracovie, auprès de Solez ; j'y laifferois mille hommes. De là, j'irois à Cracovie, où je mettrois dans le château & la ville cinq mille hommes.

En reprenant de Sandomir fur la gauche, je mettrois à Samoche mille hommes ; à Leopold cinq mille. En revenant fur mes derrières à Breffaliteski, mille hommes ; on ne fçauroit inveftir ce pofte, & il eft imprenable : à Pinfque fur le Niemen, cinq mille hommes : à Redezewilof, mille hommes : à Dolhinon fur la Willia, mille hommes : à Cowenoz cinq mille hommes ; ce pofte eft incomparable, & je n'en ai vu dans lieu du monde un plus beau ; il tient les deux rivières qui s'y joignent, & qui vont fe jetter dans le Courchefharft. Il faudroit encore un pofte à Pozen dans la grande Pologne, de fix mille hommes.

Le tout feroit fi bien occupé, que les vagabonds Polonois feroient obligés d'aller planter leurs choux, & de recevoir tranquillement la loi du vainqueur. Cela ne feroit cependant enfemble que quarante-huit mille hommes, & trois mille huit cent chevaux, dont je leverois les trois quarts dans le pays : tout cela ne me coûteroit pas un fol : cela feroit l'affaire de deux campagnes, & j'aurois de l'argent de refte, fans que le pays fût trop vexé par les contributions ; c'eft-à-dire, que je ne leur demanderois qu'une bagatelle par feu. On a calculé que, fi l'on payoit par tonne de bierre qui fe confomme en Pologne, une teinphe, qui revient à quinze fols monnoie de France, il y auroit de quoi entretenir une armée de trois cent cinquante mille hommes : de-là on peut juger de la grandeur de ce royaume, & du nombre de fes habitans.

Je fuis perfuadé que l'on peut faire cette conquête fans donner une bataille. Et il mourroit fans doute plus de foldats, durant le cours de cette guerre, de leur belle mort, que par les armes de l'ennemi. Comme les troupes ne feroient pas occupées par des marches continuelles, l'on pourroit s'appliquer, dans les différens poftes, à la perfection des ouvrages de fortification ; & comme il y a abondance de bois par tout, l'on pourroit faire de tels ouvrages, qui furpafferoient, pour la force, les meilleures places revêtues.

Alors l'étranger n'y trouveroit plus son compte : l'on seroit le maître, par le secours des rivières, de pourvoir les places menacées d'un siége : l'ennemi n'oseroit se hazarder d'entrer tout d'un coup dans le pays, & de les laisser derrière lui ; &, s'il le faisoit, il s'en trouveroit mal. Car d'où tireroit-il ses subsistances & toutes les autres choses nécessaires à la guerre & à la vie ? A quoi lui serviroit de se poster sur une rivière, s'il n'étoit pas maître de son cours ? Où irat-il subsister ? Sera-ce dans le milieu du pays ? il y seroit bientôt isolé, & obligé de décamper, faute de vivres. Que fera-t-il ? des siéges en forme contre des places fortifiées par la nature & par l'art ? ce n'est l'affaire ni des Impériaux, ni des Tartares, ni des Turcs, ni des Moscovites ; & il faut, pour cela, les richesses des Hollandois & des Anglois unis ensemble. Car dans la dernière guerre contre la France, s'ils n'avoient point fait les frais des siéges, je pense qu'il ne s'en feroit guère exécuté. Il faut pour cela des richesses ; & tous les voisins de la Pologne n'en possèdent point, si ce n'est le Turc, qui n'est point à craindre par bien des raisons qui seroient trop longues à dire.

J'ai dit qu'il ne falloit que quarante-cinq mille hommes pour foumettre la Pologne : qui eft-ce qui m'empêcheroit, quand j'y ferois établi, d'en avoir cent mille ? Le pays ne les fourni-roit-il pas, ou ne les fçauroit-il entretenir ? Craint-on de n'en pouvoir faire la levée ? L'on me dira peut-être, que ce font des Polonois ; comme fi un homme n'étoit pas un homme ! Il n'y a que la difcipline & la manière de les me-ner qui y font. Ceux qui croient que les lé-gions romaines étoient compofées de Romains de Rome fe trompent, elles étoient compofées de toutes les nations du monde : mais la difci-pline étoit la même ; & parcequ'elle étoit bon-ne, cette difcipline & cette manière de com-battre, les troupes auffi étoient bonnes, quand elles étoient commandées par d'habiles géné-raux.

Je dois dire encore un mot fur les levées des troupes de Pologne. Elles peuvent fe faire auffi aifément que celles des contributions : l'on n'a qu'à demander un homme par paroiffe ou village. Il faudroit faire marquer ces recrues au vifage, de la marque de la troupe dans la-quelle elles feroient, pour pouvoir les recon-

noître ; ce qui les empêcheroit de déferter, parceque, dans leurs villages, ni dans aucun autre
lieu, elles ne feroient point en fureté. L'on
pourroit leur limiter un tems pour fervir ; mais
il faudroit leur tenir parole exactement, & les
renvoyer au bout de ce tems ; ce qui par la
fuite arrêteroit la défertion, & formeroit des
troupes fures. Les étrangers, & ceux qui vou-
droient s'engager de bonne volonté, pourroient
être exemts de cette loi.

Durant le tems de guerre, il ne faut entrer
en pourparler avec aucun Polonois, parcequ'ils ne cherchent qu'à tromper, à libérer
leurs terres des contributions, & à amufer. Le
vrai fecret de les foumettre eft de ne les point
écouter. Sur-tout, il ne faut jamais accepter de
leurs troupes : cela ne fait qu'embarraffer, n'eft
bon à rien, fait du dégât dans les quartiers, &
ne mène à rien. Ils viennent d'abord s'offrir en
foule ; mais, dès qu'ils ne retirent point d'avantages de leurs démarches, ils tournent cafa-
que : & l'on n'a que le défagrément de les
avoir nourris ou de leur avoir favorifé le moyen
de piller leur propre pays, à quoi ils ne répu-
gnent point.

Ce qui arrive encore fouvent, eft que l'on fe fait battre quand on les a à fes côtés : ils s'enfuient d'abord, & vous font un vuide qui déconcerte vos troupes. Nous n'avons que trop d'exemples de ces chofes-là. A l'égard de l'artillerie, il faut beaucoup de pièces de fer de fix livres de balles ; l'on en trouve de bonnes & en quantité en Suède, & à bon marché ; il faut y faire faire auffi des affuts marins : & l'on peut faire remonter le tout fur la Viftule, pour en garnir les différens forts.

Lorfque l'on a ainfi établi fes poftes, il eft bien aifé de les mettre à la raifon, parceque l'on peut les empêcher de fe communiquer. On peut les menacer de la confifcation de leurs terres, s'ils ne fe rendent chez eux dans un tel tems : & tous les autres moyens que l'on peut employer réuffiront, parcequ'alors, fe mettant à leurs trouffes, on les joint ; les garnifons de leur côté courent deffus, & l'on en viendra aifément à bout. Alors on peut parler d'accommodement, leur impofer des loix, & les leur faire exécuter. Voilà comme, avec un petit nombre de troupes & peu d'argent, je me ferois fort de les réduire en deux ou trois campagnes tout au plus. Il peut arriver telle conjecture, qui pourroit permettre l'exécution d'un tel projet.

Je ne veux pas quitter la Pologne, sans parler de la manière dont je voudrois y construire des forts. J'ai compofé mon fyftème fur celui du roi de Pologne, qui me paroît au-deffus de tout. Il eft conçu dans le grand. j'ai réduit le mien à des forts de campagnes. Et comme le bois eft extrêmement commun en Pologne, je me perfuade qu'il eft bon, d'autant plus qu'une pareille fortification ne coûteroit rien ; elle feroit hors d'infulte en très-peu de jours; & dans un mois, elle feroit en état de foutenir un très-rude fiége.

Je fuivrai dans cette partie la règle que je me fuis prefcrite dans le courant de cet ouvrage, qui eft de faire remarquer les fautes des méthodes reçues, avant que de propofer mes nouveautés.

CHAPITRE QUATRIEME.

ARTICLE PREMIER.

Manière de conſtruire des forts.

Nous l'emportons ſur les Romains dans l'art de fortifier les places ; mais il s'en faut bien que nous ſoyons parvenus au point de la perfection. Je ne ſuis pas bien ſçavant ; mais la grande réputation de monſieur de Vauban & de monſieur Couhorn ne m'en impoſe point. Ils ont fortifié des places avec des dépenſes énormes, & ne les ont pas rendues plus fortes. La promptitude avec laquelle on les a priſes en eſt une preuve.

Il y a des ingénieurs modernes, à peine connus, qui ont profité de leurs fautes, & les ſurpaſſent infiniment ; mais ils ne font que tenir un milieu entre les défauts de la fortification de ces meſſieurs, & le point de perfection auquel

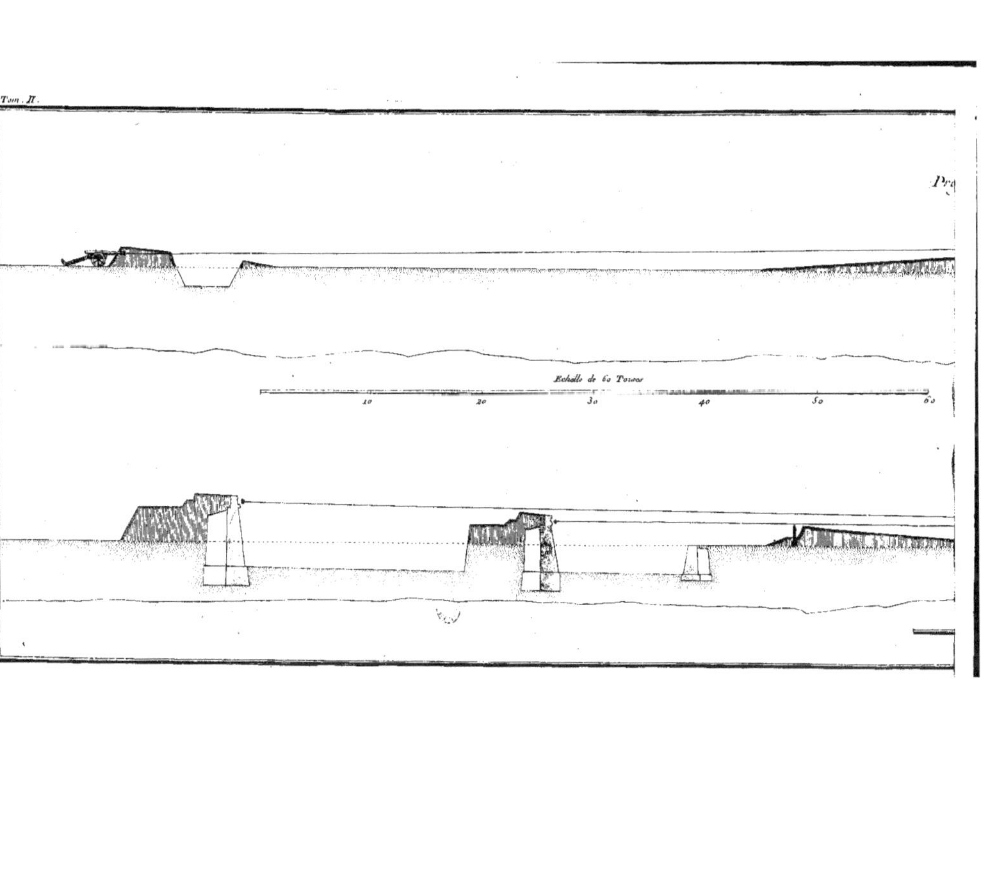
Pr
Echelle de 60 Toises
10   20   30   40   50   60

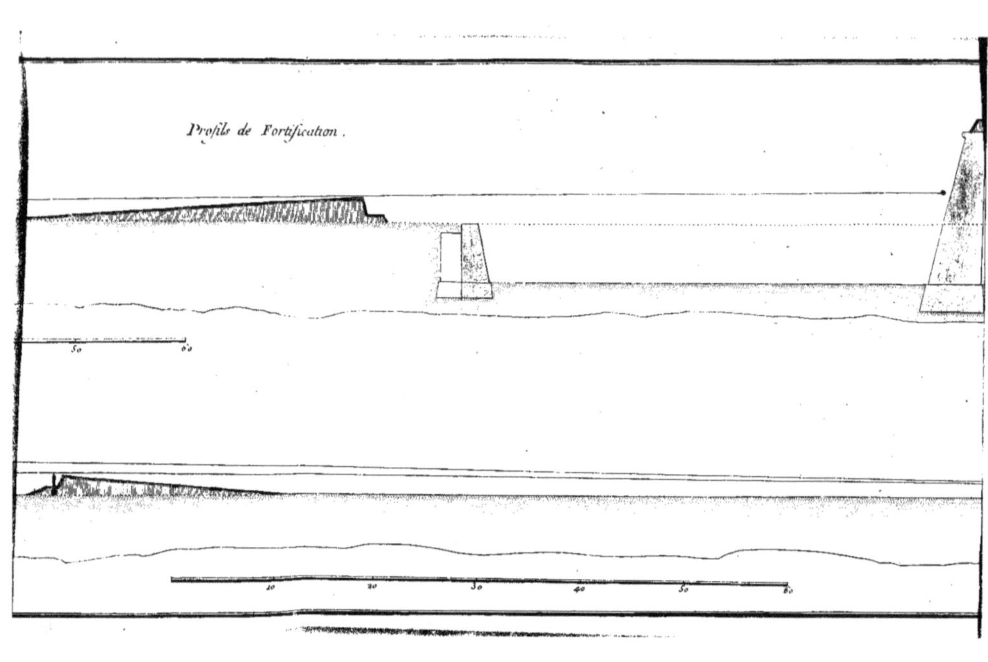

Profils de Fortification.
50
60
10
20
30
40
50
60

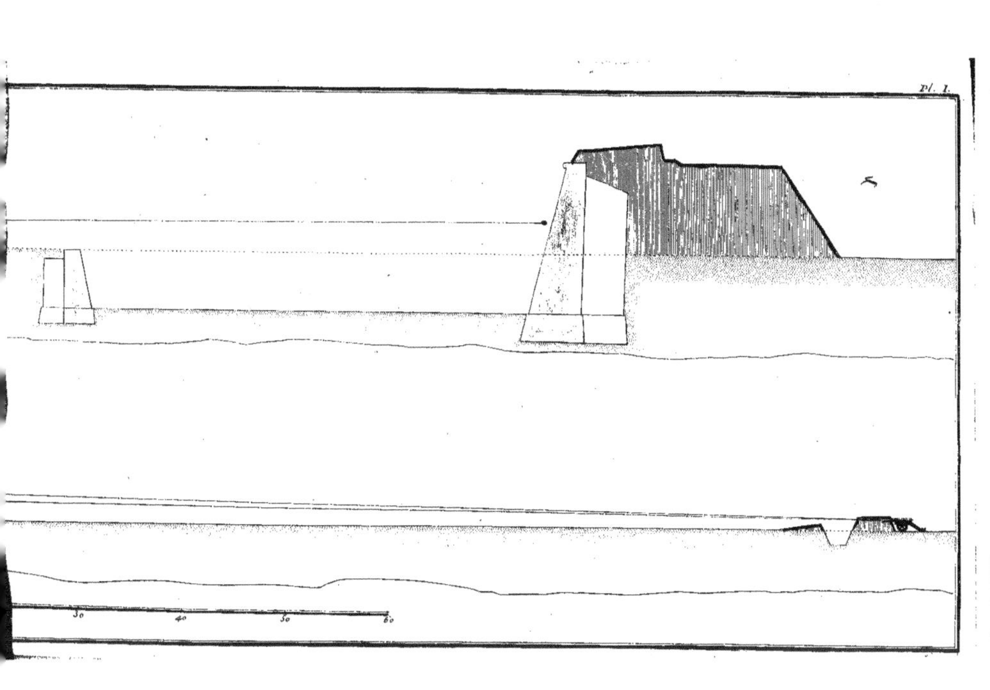
Pl. 1.
3o
4o
5o
6o

quel il faut tâcher de parvenir. Sans entrer dans la misère des petits ouvrages qu'ils ont faits, comme flancs, furflancs, contre-gardes baffes dans les foffés, &c, je ferai voir d'un coup d'œil le grand défaut de leurs fortifications.

Ils ont élevé leurs ouvrages en amphithéâtre *, pour pouvoir tirer de tous ces ouvrages dans la campagne; comme fi l'on pouvoit fe fervir d'un ouvrage reculé, tandis qu'il y a du monde dans celui qui eft devant foi. Il devient donc inutile tant que tous ceux qui font devant font occupés. Pourquoi donc les tant élever? Qu'arrive-t-il? L'ennemi, qui voit tous ces ouvrages jufqu'au cordon, les ruine dès que la feconde parallèle eft faite, c'eft-à-dire, d'abord qu'il a établi fes batteries : c'eft une affaire d'un jour ou deux, & voilà toutes vos défenfes ruinées & tout votre canon démonté. Voilà cette belle fortification, qui a tant coûté, hors d'état de faire aucun mal. D'où vient cela? c'eft parceque les batteries de la campagne font baffes & tirent de bas en haut, ce qui emporte, éboule & démonte tout. Pour être convaincu de l'abfurdité de cette idée, il n'y a qu'à regarder les pro-

* Planche I.

fils ci-joints (planche I). Alors, les **attaquans**
pouffent les travaux bien vîte, établiffent à l'aife
leurs batteries, parceque perfonne n'ofe plus fe
montrer. Ils arrivent donc fur le glacis; on le
chicane un peu au chemin couvert : mais comme il n'eft foutenu que d'ouvrages ruinés, on
s'en rend le maître; on établit les logemens, des
batteries; & l'on rafe fi bien toutes les défenfes
de la place déja ruinée, que perfonne n'oferoit
y paroître.

S'il fe trouve encore quelques flancs bas, l'on
établit des batteries fur les angles faillans du
foffé; & comme le foffé eft parallèle, on les a
bientôt ruinées. Outre cela, ces flancs font étran-
glés, le canon y fait un fracas horrible, de forte
que l'on n'y fçauroit tenir un quart d'heure. S'il
y a des cafemattes, l'on y étouffe, & le canon
ruine vos embrafures. On fait donc le paffage
du foffé en toute fureté, pour attaquer quelqu'un
des ouvrages détachés.

Je ne parle pas de la brêche; car quelques
hauts & redoutables que foient ces ouvrages,
elle eft faite en peu de tems. Dès qu'elle eft
prête, l'affiégé retire les troupes qu'il a fur l'ouvrage, & laiffe monter l'ennemi, fans pouvoir

le lui difputer, parcequ'il ne fçauroit s'y maintenir, & qu'il perdroit les gens qu'il y auroit
mis pour le défendre. Et comme l'on ne fçauroit r'attaquer ces ouvrages par derrière, parce
qu'ils font efcarpés, qu'il n'y a qu'un efcalier ou
un petit pont pour y conduire, qui toujours eft
vu des angles faillans voifins, l'ennemi y eft plus
en fureté que dans une citadelle; il fait donc
un petit logement, & en moins de rien & avec
peu de perte.

Le nombre des couvreurs & des travailleurs
que l'attaquant envoie n'eft pas grand, parce
qu'il fçait bien qu'il ne peut y avoir perfonne
pour défendre ces ouvrages; & comme les défenfes qui font derrière font vues, rafées & ruinées, il fe loge fans réfiftance & fans perte : au
lieu que, fi l'on pouvoit y communiquer, il feroit obligé d'y envoyer beaucoup de monde,
de faire un logement confidérable, pour pouvoir s'y maintenir, ce qui lui coûteroit cher.
Voilà donc encore un ouvrage pris : ainfi des
autres.

On a reconnu une partie de ces défauts, &
l'on a cru y remédier en faifant des feux rafans.
A la vérité, cela vaut un peu mieux; mais l'in-

convénient fubfifte toujours : car, fi vous voyez du corps de la place par-deffus vos ouvrages détachés, fur votre glacis, l'ennemi vous voit auffi & bien mieux que vous ne le voyez : &, quoiqu'il ne ruine pas toutes vos défenfes, il vous empêche de vous en fervir.

Regardez le profil, planche 1. Pouvez-vous vous fervir de ces défenfes, pendant que vous avez du monde dans les ouvrages qui font devant vous ? Pourquoi donc voulez-vous les rafer, & que le corps de votre place voie par-deffus vos ouvrages détachés fur le glacis, pendant que ce corps de place ne peut fervir que pour défendre les ouvrages qui font directement devant lui ? Car vous ne fçauriez tirer fur le glacis, tandis qu'il y a du monde fur ces ouvrages détachés : mais celui qui attaque a l'avantage de tirer fur le tout, & de fe fervir de fes batteries pour rafer les défenfes de tous les ouvrages détachés, ainfi que des plus reculés, & celles du corps de la place ; de façon que perfonne n'ofe s'y faire voir, car le boulet qui rafe le glacis rafe auffi toute la défenfe : au lieu que, fi ces défenfes étoient plus baffes, il feroit obligé, pour les ruiner, d'appor-

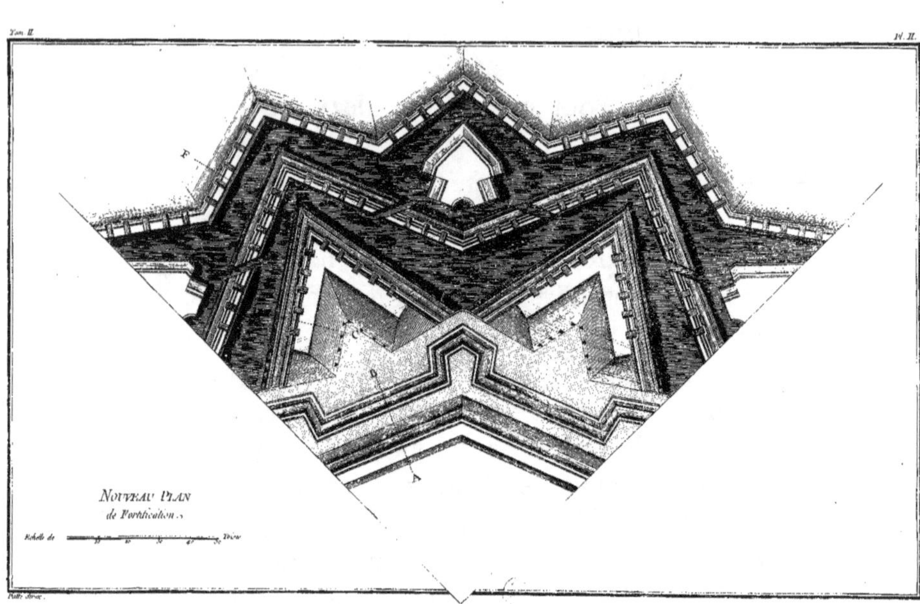

Tom. II.
Pl. II.
F
Nouveau Plan
de Fortification.
Echelle de
Toises

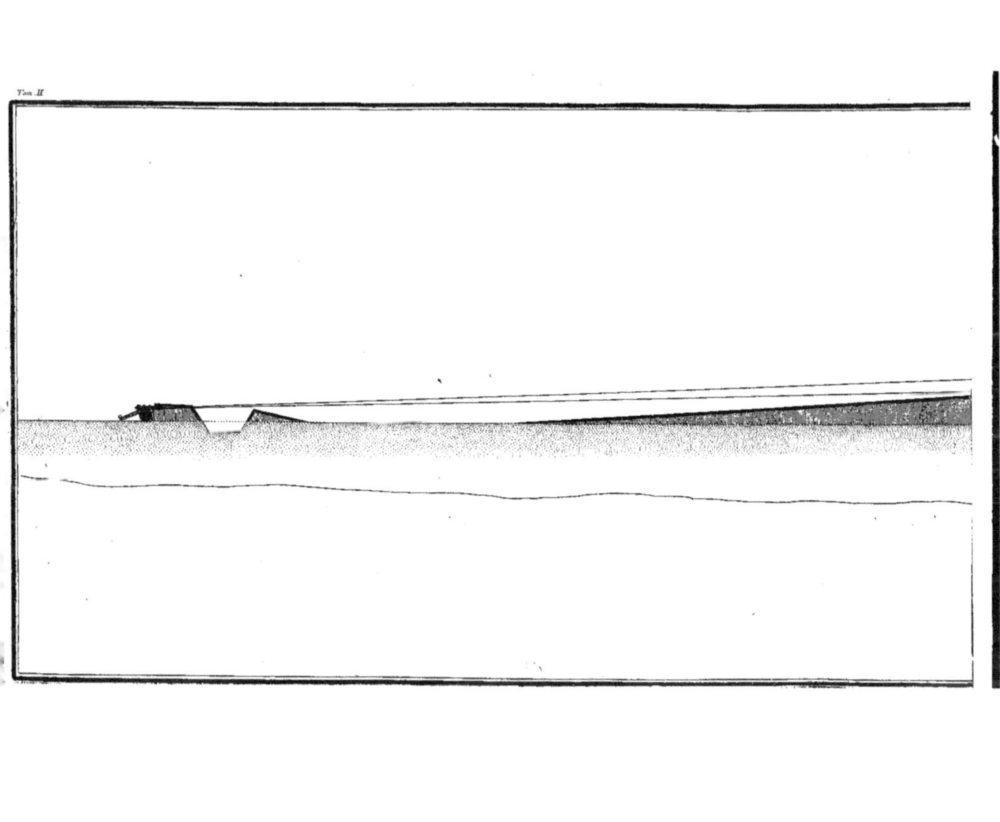
Vue II

PROFIL. de ma nouvelle Méthode de Fortifier, pris sur les Lignes AB. C D. E F.
Echelle de.   5   10   20   toises

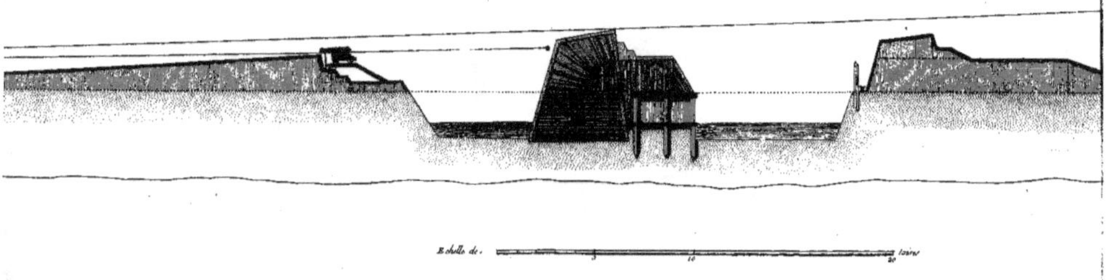

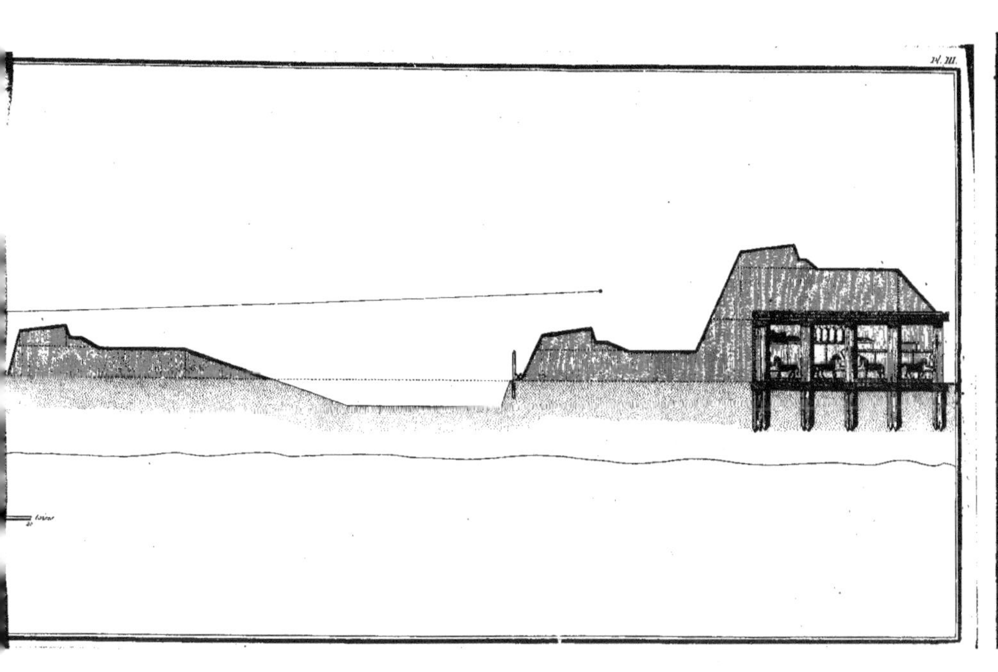
N. III.

ter du canon fur chaque ouvrage l'un après
l'autre; ce qui ne feroit pas tout à fait aifé, fur-
tout s'ils étoient ʃfaits de manière qu'il n'y eût
point de terrein aux uns, & que l'on pût attaquer les autres avec un plus grand nombre
que celui que l'ennemi pourroit y loger.

Mais, pour donner une idée complette de ce
que je penfe là-deffus, j'ai joint ici un fort de
ma compofition * qui fera voir une partie de
ma méthode. Je le fuppofe fait à la hâte dans un
pays où le bois eft commun, C'eft au plus l'ouvrage d'un mois pour une légion, & le calcul
s'en trouvera à la fuite de cet article.

Suppofé que l'ennemi m'attaque, il emportera mon chemin couvert à l'ordinaire, ruinera
les défenfes de mes contregardes & de mes lunettes : tant que j'aurai mes cafemattes libres
dans les angles rentrans de mes contregardes,
comment paffera-t-il le foffé, pour aller à ma
contregarde & à mes lunettes?

On me dira, qu'il les ruinera. Cela n'eft pas
aifé, pour ne pas dire impoffible; car il ne peut
mettre que deux à trois pièces fur l'angle faillant de la contrefcarpe : & en approchant mes

* Planches II, III, V.

casemattes, j'y tire continuellement avec cent pièces de canon, qui le prendront de bas en haut ; & , pourvu qu'il me reste un pied de jour, je verrai toujours avec cent pièces de canon dans le fond du fossé des angles saillans de ma contregarde & de mes lunettes : cela fait trembler. Osera-t-il faire sa galerie, exposé au feu de cent pièces de canon qui tirent sans cesse nuit & jour, & qu'il ne sçauroit voir ni démonter?

On a une maxime qui est, que l'on ne sçauroit voir dans un endroit, sans être vu de cet endroit. Et l'on a, jusqu'à présent, suivi religieusement ce principe, sans songer qu'il falloit obliger l'ennemi à se montrer dans des endroits où il n'y a point de terrein, & où il puisse être vu d'un plus grand front qu'il ne sçauroit opposer ; & à le voir avec le canon dans des endroits où il n'en sçauroit mettre.

C'est ce que je fais par le moyen de mes casemattes ouvertes : car j'y vois dans l'eau, & il ne sçauroit y placer du canon pour voir le mien : il ne sçauroit voir ni démonter mes pièces qui sont sur la face de mes ravelins, parcequ'elles sont couvertes de ma contregarde. Qui plus est,

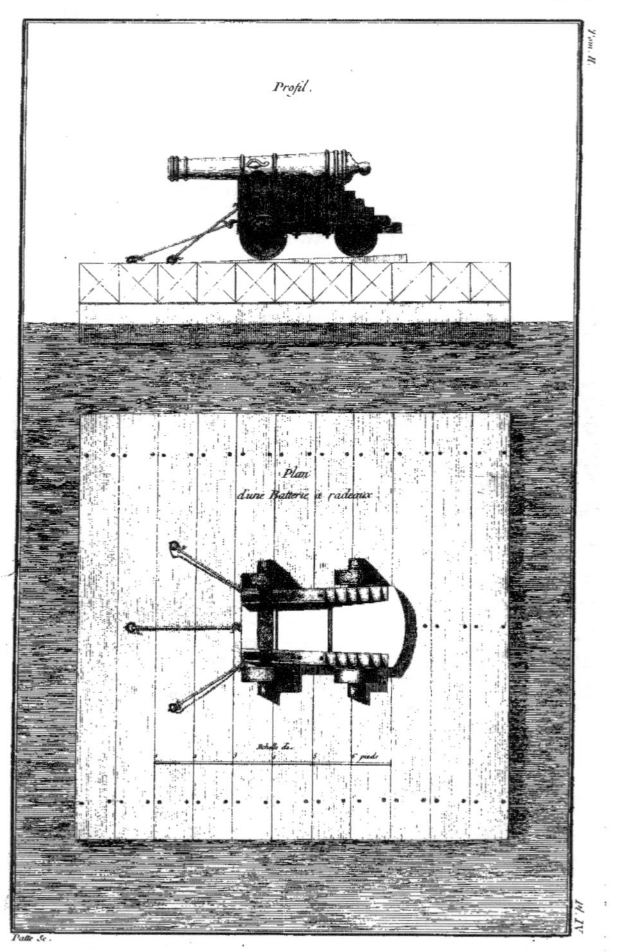
Tom. II.
Pl. IV.
Profil.
Plan
d'une Batterie à radeaux
Echelle de
pieds
Patte Sc.

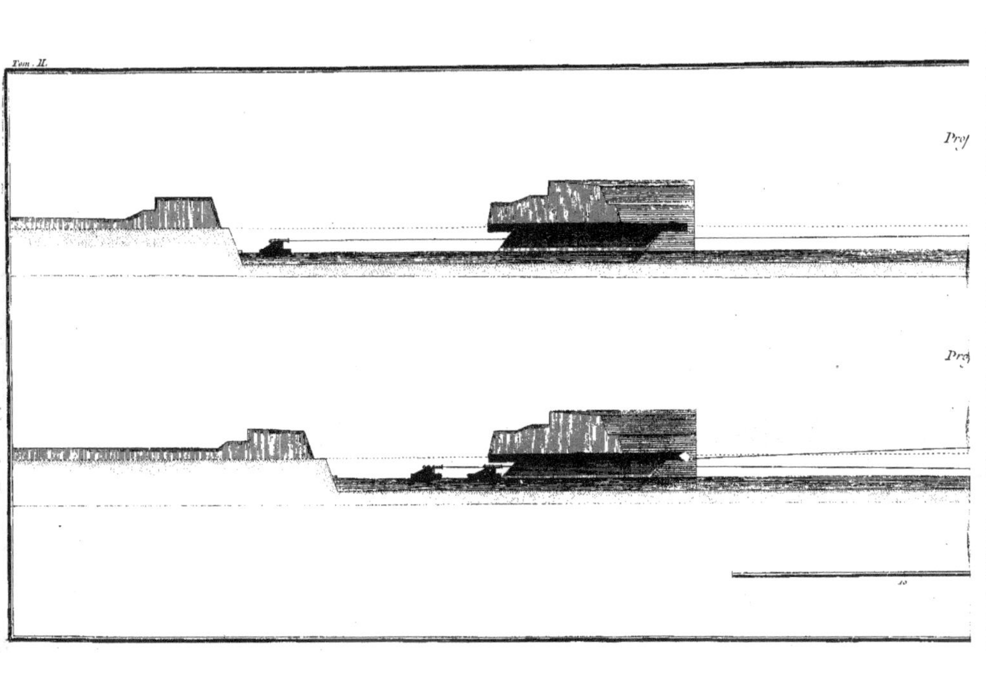
Prof
Prof

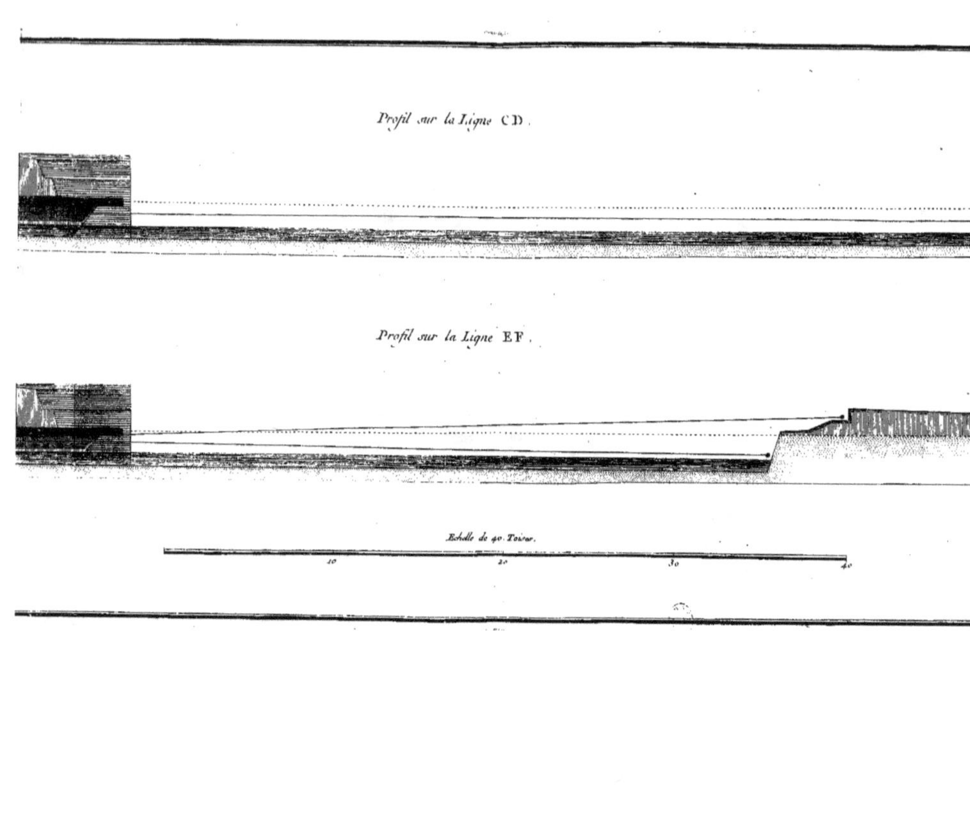

Profil sur la Ligne CD.
Profil sur la Ligne EF.
Echelle de 40 Toises.
10
20
30
40

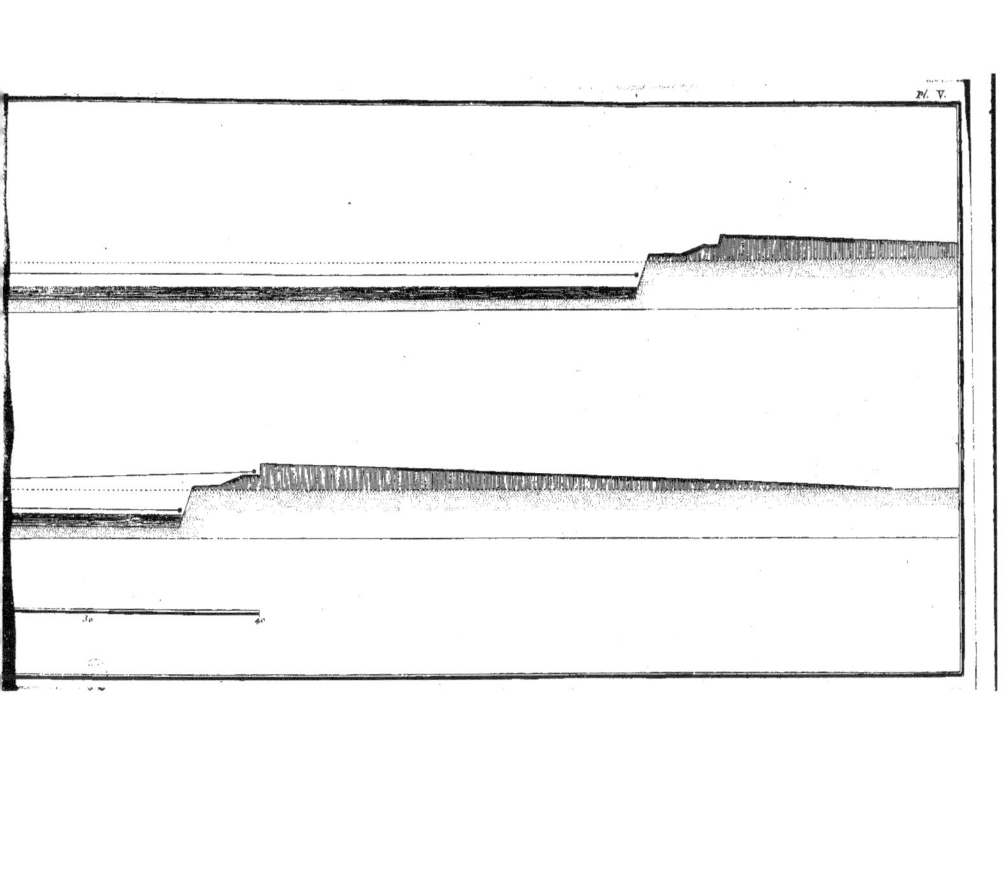

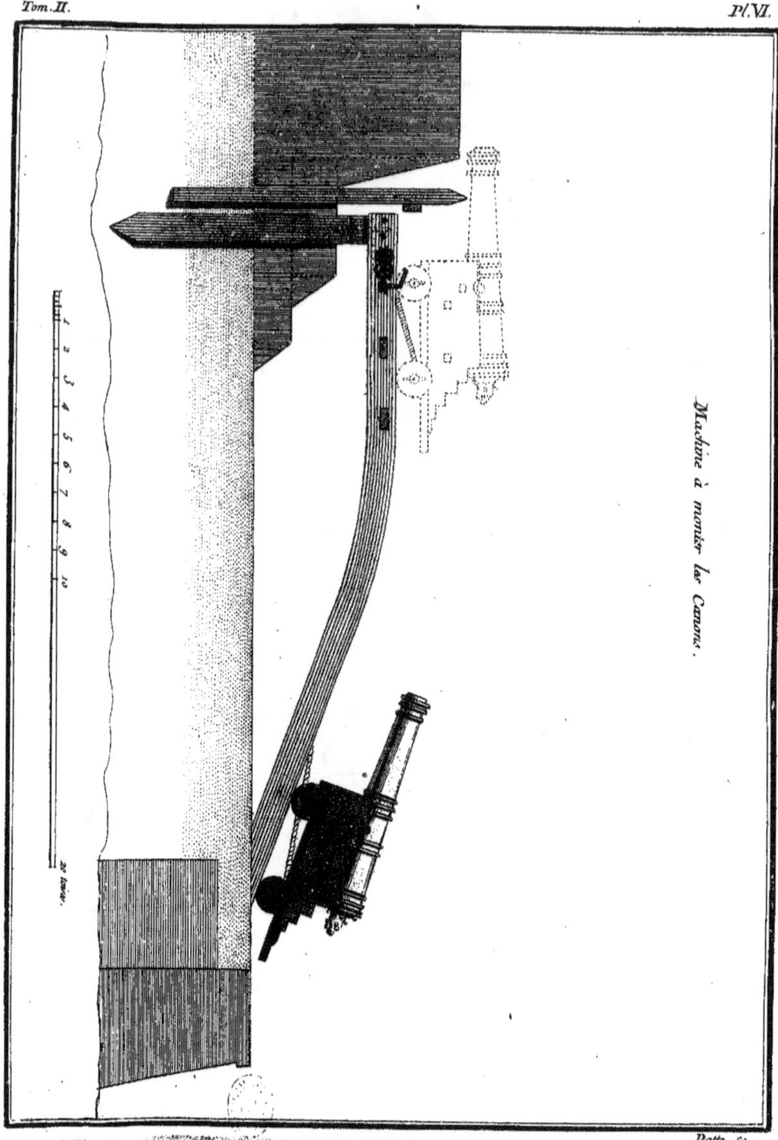

Machine à monter les Canons.

Patte Sc.

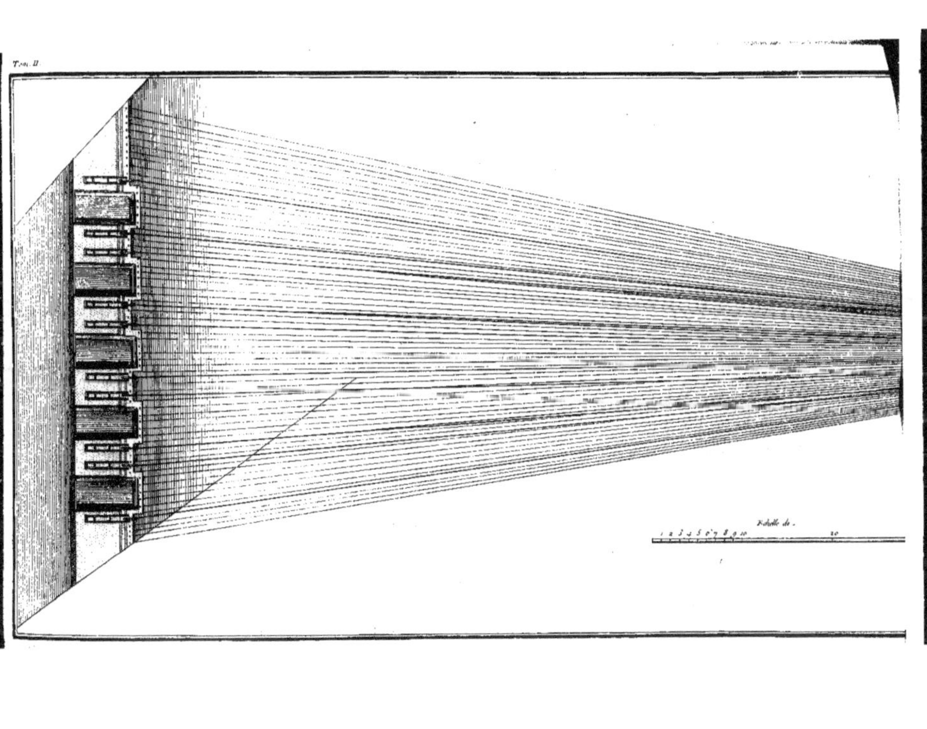

Echelle de.
1 2 3 4 5 6 7 8 9 10   20

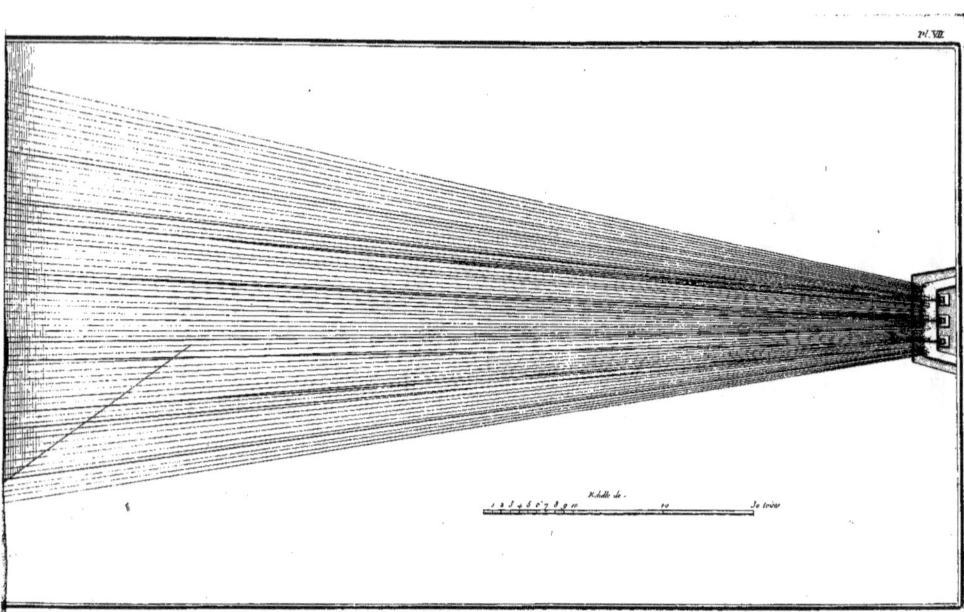
Echelle de
1 2 3 4 5 6 7 8 9 10
10
30 toises

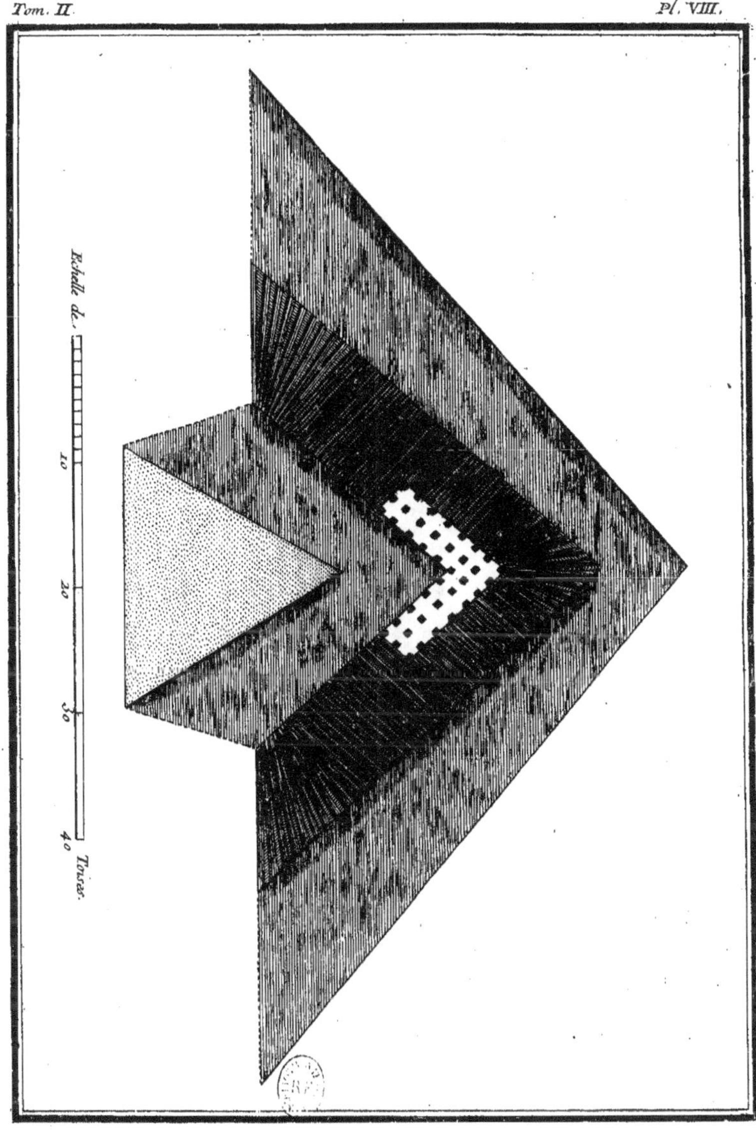

Echelle de.
10
20
30
40 Toises.

Profil sur la ligne CD.

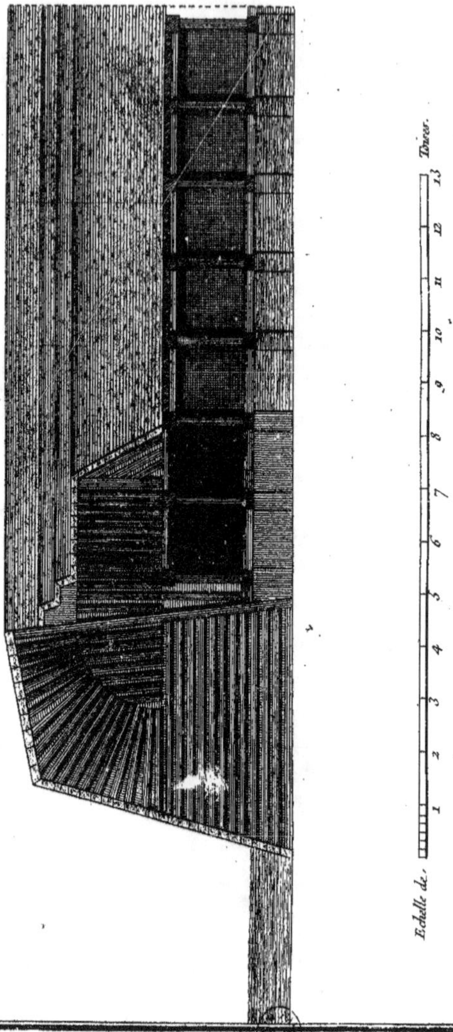

Echelle de. 1 2 3 4 5 6 7 8 9 10 11 12 13 Toises.

je peux toujours, pendant la nuit, rétablir ces cafemattes; mon canon lui-même fe fera jour à travers les décombres.

Qu'eſt-ce que l'ennemi fera pour remédier à ce mal? car je foutiens qu'il eſt impoſſible qu'il faſſe le paſſage du foſſé. Il faut donc qu'il faſſe ce comblement; mais je ruinerai encore cet ouvrage, ainſi que le canon qu'il aura mis ſur les angles faillans du foſſé, avec le mien qui le prendra du bas en haut, en approchant mes radeaux de la cafematte; & il y a apparence que je détruirai cet ouvrage & cette batterie en moins de tems qu'il n'en aura employé à les conſtruire, s'il lui a été encore poſſible de les conſtruire, ce que je nie.

Il n'y a qu'à regarder le deſſein ci-joint, & ceux qui en dépendent *, pour voir que ces batteries à radeaux doivent tirer d'une juſteſſe infinie; que l'on ne ſçauroit, en les fervant, perdre un homme fans un grand hafard; & qu'elles font un feu continuel nuit & jour; qu'on les pointe fans rifque, à couvert, & par conféquent fans diſtraction & avec foin.

La façon dont font conſtruites les cafemattes †

* Planche IV.   † Planches VIII, IX.

fait voir qu'elles font infiniment plus difficiles à
ruiner que celles qui font voûtées, parceque
le canon ne fçauroit faire effet que fur la première & feconde poutre; que les autres, aufquelles il ne fçauroit atteindre, fupportent le
terre-plein qui eft par-deffus; & que la longueur
dont elles font, à proportion de la largeur &
de l'embrafure, fait que celles qui font entamées
fupportent encore le poids de la terre qui porte
deffus, parceque le poids qui eft fur les deux
bouts empêche que rien ne s'éboule, parcequ'elle ne fçauroit fléchir dans le centre ou dans
l'endroit où elle feroit entamée; au lieu qu'avec
les cafémattes ou embrafures voûtées, il n'y a qu'à
tirer à la clef pour que tout tombe bientôt.

L'ennemi ne fçauroit voir mon canon, par le
moyen des batteries que j'ai inventées & dont
voici le deffein *. Il ne me faut que deux hommes pour fervir mes pièces, fçavoir, un cano-
nier & un manœuvre, qui font à couvert de tout
canon & des ricochets, par le moyen de mes tra-
verfes; & mon canon n'eft vu que dans le moment qu'il tire. Je l'emploie dans le chemin
couvert, pour démonter les batteries de l'ennemi

* Planche VI.

pendant

pendant le jour, & pour tirer la nuit à cartouche, avec des grapes de raifin fur le front de la
tranchée. Outre cela, de la manière dont je conf-
truis mes batteries, il fe trouve dix hommes avec
des amufettes pour tirer continuellement dans
les embrafures de l'ennemi; & comme elles percent à mille pas tous madriers & toutes blin-
des qu'on pourroit leur oppofer, je me perfuade qu'il feroit difficile, pour ne pas dire impôf-
fible, à l'ennemi, de fervir fon canon. Voyez
le deffein ci-joint.

Mais, pofons que l'ennemi ait paffé le foffé,
& qu'il fe foit logé fur cette contre-garde*, il
trouvera tout d'un coup une quantité énorme
de canons, placés à barbettes, qui tirent de tous
les fens fur lui, qui eft comme un point fur
un *i*, & l'affiégé qui a des défenfes entières,
aufquelles il n'y a pas une égratignure. Que
fera-t-il? Ofera-t-il m'apporter du canon fur cet
ouvrage, où il eft vu de deux grands flancs qui
le prennent de tous les fens, & qui tirent hori-
fontalement. Lui, qui n'a point de terrein, mettra-t-il deux pièces de canon fur l'angle faillant
de cette contregarde, pour en démonter qua-

* Planche V I I.

rante-quatre de mes deux flancs avec quatre
cent quarante amufettes qui le voient & le ra-
fent, percent gabions, facs à terre & blindages?
Où mettra-t-il ces deux pièces de canon? Il ne
peut s'enterrer dans l'épaiffeur du parapet, parceque la contregarde eft farcie & hériffée de
groffes poutres à quatre ou cinq pouces l'une de
l'autre, avec de la terre entre deux. Outre cela,
il faut qu'il fe rende auparavant maître de mes
cafemattes qui font au-deffous, fans quoi il n'o-
feroit tenter le paffage du foffé.

Ces cafemattes ne fe percent pas comme les
voûtes & les murs, où il ne faut qu'un trou
grand comme la tête pour démolir bientôt le
refte : il ne peut cependant rien tenter qu'il n'en
foit le maître. Je l'y chicanerai. Et pendant qu'il
travaille à cet ouvrage, je le défolerai à coups
de canon; & je le défie de finir cet ouvrage :
car fi l'on mettoit un gand au-deffus de la cafematte, il n'y refteroit pas un moment à la quantité de canons & d'amufettes qui y voient. Ah!
il viendra avec le mineur. Je l'en défie encore.
Ces brins de groffes poutres ne fe mangent pas
de bout en bout; & je lui donne un mois pour
faire cet ouvrage, car il ne fçauroit venir au-

deſſous de l'eau ; & mes brins d'arbres ſont ran-
gés, du fond du foſſé juſqu'en haut, à trois pouces les uns des autres, avec de la terre entre deux :
ainſi il ne ſçauroit y mettre le feu.

Mais je veux qu'il ſe ſoit rendu maître de
cette caſematte : comme elle n'eſt ſoutenue qu'a-
vec des pilliers, je la fais crouler. Alors il ne lui
reſtera plus qu'une partie du parapet. Où mettra-t-il ſes deux pièces de canon ? Il faudra un
comblement ; qu'il rapporte des terres, & qu'il
faſſe ſa barrière ſur des terres rapportées dans le
foſſé, ce qui n'eſt pas un petit ouvrage. Mais,
le peut-il ? Mes caſemattes, dans l'angle rentrant
de la contregarde, lui permettent-elles cet ouvrage ? & peut-il me faire-là des batteries ſuſpen-
dues en l'air ?

Mais paſſons là-deſſus ; avec du tems & de la
peine, on vient à bout de tout. Je ſoutiens qu'il
faut qu'il me faſſe un comblement général ſur
deux poligones entiers, qu'il rempliſſe tout le
foſſé de la contregarde, c'eſt-à-dire, qu'il en
faſſe un terreplein, afin de pouvoir placer des
batteries pour ruiner mon canon, ou qu'il démo-
liſſe toute ma contregarde ; ce qui n'eſt pas un
petit ouvrage.

G ij

Cela fait, comment paſſera-t-il le foſſé, pour aller à mes ravelins, tant que j'aurai les caſemattes des flancs de mes ravelins qu'il ne ſçauroit jamais voir ni ruiner? car le canon du dedans des ravelins raſe juſques dans l'angle ſaillant, & ne ſçauroit jamais être vu, ni entamé, ni démonté, que du fond du foſſé dans l'eau, où il ne ſçauroit mettre du canon. Mais paſſons encore là-deſſus. Quand il ſera logé ſur un de ces ravelins, comment s'y maintiendra-t-il? Il trouve tout d'un coup un poligone entier qui le raſe juſqu'aux talons, dans le foſſé duquel je puis mettre deux, trois & quatre bataillons. C'eſt là où l'arme blanche brilleroit; car, de quelque façon qu'il y ſoit logé, ſon logement ne ſçauroit être de quatre bataillons. Il ſera entré par la brèche, il faudra qu'il en reſſorte par la brèche. Et comme il ſera entré, par des paſſages étroits, dans cet ouvrage, il pouroit ſe faire, en le repouſſant, quelque embarras à ces paſſages, s'il étoit en nombre ſur l'ouvrage. Outre cela, dans l'allée & le revenir, les quatre ou cinq pièces de canon du flanc voiſin chargées à cartouches l'incommoderoient furieuſement. Je n'ai rien à craindre pour le ſuccès de mes ſorties, parceque, s'il arrivoit qu'elles fuſſent repouſſées, mes gens, en ſe retirant au pied du corps de la place où je mettrai tout ſous les armes, y feroient en ſûreté, & l'on tueroit une belle quantité de monde à l'ennemi. Je crois que ces ſorties peuvent ſe perpétuer avec avantage, juſqu'à ce qu'il n'y ait plus de monde pour les faire : alors on parle de ſe rendre ; & je crois qu'il en coûteroit bon à l'attaquant.

J'ai toujours eu dans la tête un certain ouvrage qui fut pris & repris trente-ſix fois au ſiége de Candie * ; cet ouvrage a coûté plus de vingt-cinq mille hommes aux Turcs. A la fin, ils le firent ſauter dans une ſortie, & ce fût là que le duc de Beaufort périt. Cela m'a donné bonne opinion des ouvrages que l'on peut r'attaquer par derrière ; d'autant plus que, lorſque votre défenſe eſt baſſe & entière, le logement y coûte une quantité affreuſe de monde ; parceque, ſi vous envoyez peu de couvreurs avec les travailleurs, ils ſont d'abord chaſſés ; & ſi vous en envoyez beaucoup, il y en a auſſi beaucoup de tués, & vous ne ſçauriez vous diſpenſer d'y venir en force. Dans tout le cours d'un ſiége,

* Les Turcs s'emparèrent de Candie, le 16 ſeptembre 1669.

il n'y a point d'occasions plus avantageuses pour combattre l'ennemi, que celles que ces ouvrages fournissent; parceque l'on ne sçauroit être vu du dehors; qu'il faut toujours que l'ennemi vienne par la brèche; & que, s'il s'avise d'y mener du canon, c'est du canon de pris. Enfin, je crois qu'une telle fortification dégoûteroit furieusement du goût que l'on a pour les siéges.

Je desire avoir des fossés d'eau, parceque, comme ma principale défense consiste au passage des fossés, je dois souhaiter que l'ennemi ne puisse le passer par des sappes, & qu'il soit obligé de se montrer avec ses galeries au-dessus. Le dessein de la planche II n'est que pour un petit fort fait dans un mois, & qui peut cependant contenir plus de dix mille hommes, & peut aisément se défendre avec une légion.

Le calcul ci-après décidera du tems de sa construction, & mes casemattes n'en prendront guère; ce sont des brins de gros sapins coupés de longueur, cela va vîte. Quand l'on mettroit deux mois à la construction de cet ouvrage, & quand l'on y emploieroit huit à dix mille hom-

mes, cela en vaudroit bien la peine. Les branches,
que je fuppofe d'épines, que je mets fur les faces
de mes ouvrages, font à deux fins. 1°. Pour
donner moins de talus à mes ramparts ; enfuite
pour empêcher la furprife de nuit, où l'on pourroit efcalader : défaut auquel tous les ouvrages de terre font fujets. Mais, des épines ainfi
mifes en quinconces font inruinables, parceque les racines tiennent dans le terreplein ;
l'on ne fçauroit les arracher, ni les couper :
ainfi il eft impoffible d'efcalader ces ouvrages. D'ailleurs, mes paliffades font fi hautes,
& les chevaux de frife fur les bermes fi forts,
que ce feroit vouloir prendre la lune avec
les dents, que de tenter une pareille entreprife.

Un fortin, comme celui que je propofe,
peut contenir dans fes ravelins des troupes,
des beftiaux, des fourages pour la fubfiftance
des armées ; enfin, une infinité de chofes propres à la guerre : &, fi l'on y veut joindre les
avantages que la nature nous offre prefque à
chaque pas, l'on concevra aifément qu'ils de-
viendront des poftes de grande importance ;
furtout fi l'on ajoute à cette fortification des

tours avancées. Mais, pour donner plus d'intelligence de ceci, il faut entrer dans un plus grand détail.

ARTICLE

ARTICLE DEUXIEME.

Des tours avancées.

On eſt d'opinion , lorſque les places ſont grandes , & que leurs fortifications s'étendent au loin, qu'il faut de grandes armées pour en faire le ſiége ; & l'on a raiſon. Car, pour celui de Lille , Bruxelles, Gand , Straſbourg, &c. il faut des armées de cent mille hommes ; ce qui met l'ennemi dans des embarras, parceque l'on ne ſçauroit bien fermer ces places, à moins de reſter dans des lignes avec toute l'armée, ce qui eſt dangereux & entraîne après ſoi une infinité d'inconvéniens , dont l'examen me méneroit trop loin. Il eſt donc certain que les grandes places cauſent des ſiéges difficiles. Le projet de fortification, que je viens de donner, a le défaut de n'occuper qu'un terrein médiocre ; & j'ai ſongé à y remédier par des tours avancées qui valent infiniment mieux que les redoutes, que pluſieurs emploient pour remédier à ce défaut que l'on a reconnu depuis longtems. Or ces redoutes ſont bientôt priſes, à moins que l'on ne ſe

TOME II.   H

rifque d'y perdre le canon & les troupes que l'on y a mifes. D'ailleurs il en faut beaucoup pour les garder ; cela fatigue votre garnifon, & vous affoiblit, & ne produit pas l'avantage que vous vous propofiez. Voici le deffein de mes tours, planche X. Je les place à deux mille pas de mes ouvrages avancés, parceque de-là je les puis battre avec le canon ; & les rendre inutiles à l'ennemi, quand il s'en eft rendu maître, n'étant que d'une fimple brique d'épaiffeur du côté de la place. Je compte, du centre de la place jufqu'à ces tours, trois mille pas, ce qui fait le demi-diamètre; & par conféquent, pour toute la circonférence, dix-huit mille pas. Ainfi il me faudroit trente-fix de ces tours pour faire l'enceinte, en les plaçant à cinq cent pas les unes des autres : alors rien ne peut paffer entre deux, parceque la portée du fufil y croife. Si l'on y vouloit paffer en pouffant des boyaux, l'on feroit vu & plongé par les tours voifines : ainfi il faut établir des batteries pour les détruire, & ce n'eft pas une petite affaire ; car il faut ouvrir la tranchée : & je dirai dans la fuite pourquoi j'établis fur ces tours une de ces armes que j'appelle amufette. L'ennemi n'ira pas

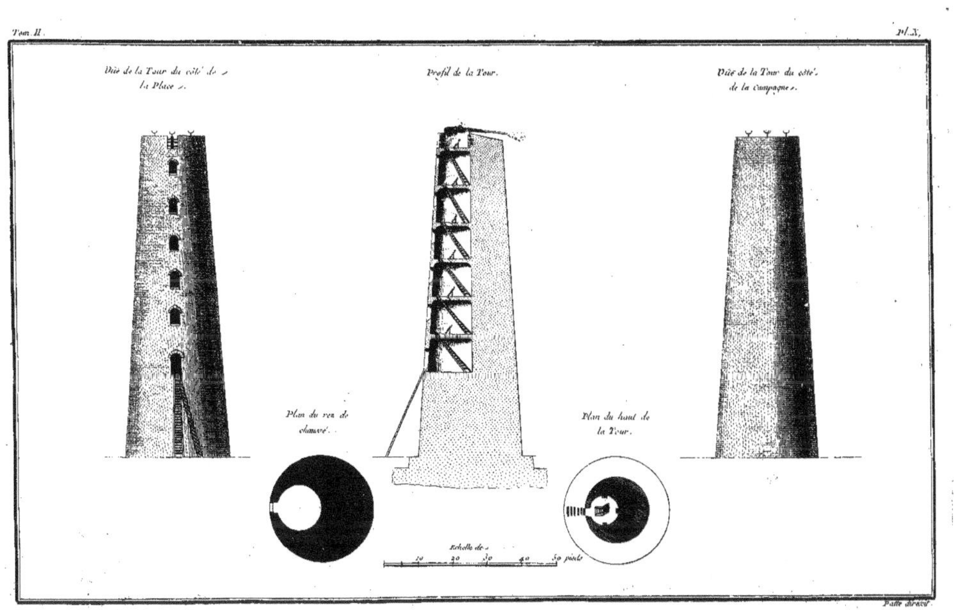
Vüe de la Tour du coté de
la Place.
Profil de la Tour.
Vüe de la Tour du coté
de la campagne.
Plan du rez de
chaussé.
Plan du haut de
la Tour.
Echelle de
10   20   30   40   50 pieds

ſe camper à la portée de ces armes ; & s'il le fait, je lui ferai lever ſon camp. Or ces armes portent au-delà de quatre mille pas. Donc il ne ſçauroit ſe camper qu'à quatre mille pas de ces tours. Quatre mille pas ajoutés au diamètre d'un côté, & quatre mille pas de l'autre, font huit mille pas : en ajoutant le diamètre de la place & de l'enceinte de ces tours, qui eſt de ſix mille pas, il en réſulte quatorze mille pas de diamètre, qui font, pour la circonférence, quarante deux mille pas. Nous voulons ſuppoſer qu'un bataillon ou un eſcadron occupe cent pas de diſtance ; il faudroit quatre cent vingt bataillons pour occuper la circonvallation, ce qui feroit enſemble huit cent quarante bataillons ou eſcadrons ; cela eſt monſtrueux à imaginer. Cependant il faut garnir ces lignes ; & l'on conçoit aiſément combien ces tours avancées & ces amuſettes augmentent les conſéquences & les difficultés, ſans parler de celle qu'il y a à les attaquer. L'on ne ſçauroit commencer à travailler à la circonvallation ni à la contrevallation, qu'elles ne ſoient toutes priſes. L'on ne ſçauroit où faire les dépôts, parcequ'après cela, il faut tous les changer & les approcher.

H ij

Que l'on ne croie pas qu'en menant du canon à barbette, l'on détruise ces tours. Comme
elles font pleines du centre à la circonférence,
il pourroit se faire que l'on tireroit plus de huit
jours avec une batterie de vingt-quatre pièces
de gros canons, avant que d'en abbatre une ;
parceque l'on n'oseroit s'approcher de près, à
cause que l'on seroit plongé dans les batteries :
pendant ce tems-là, il se tue une quantité de
monde avec ces amusettes. Je soutiens qu'il faut
qu'il ouvre la tranchée, & qu'il établisse des batteries de fort loin pour battre ces tours.

J'ai quelquefois vu tirer des deux & trois jours
entiers avec des batteries de vingt pièces de gros
canon contre de méchantes tours quarrées & vui-
des au-dedans, avant d'en pouvoir venir à bout;
& cela de quatre cent pas de distance. Ici, il n'y a
que très-peu de prise, elles font pleines jusqu'au centre : & si l'ennemi approche trop ses
batteries, il est plongé. Il faut compter qu'il tire
de loin, & par conséquent avec moins d'effet.
Quand il aura ruiné une de ces tours, il faut
qu'il en ruine au moins dix, pour pouvoir ouvrir la tranchée à une seule attaque. Et il pourroit bien arriver qu'il y consommeroit plus de

munitions qu'au fiége , & beaucoup de tems,
chofe fi précieufe.

D'ailleurs, que l'on confidère dans quel embarras cela le jette, de combien cela augmente
fon ouvrage. Il faut qu'il faffe d'un feul article
huit lieues de retranchemens de plus, quatre
pour la circonvallation, & quatre pour la contrevallation. Il lui faut une armée prodigieufe
pour fermer la place, & il n'oferoit fongèr à
laiffer un corps d'armée pour faire le fiége &
avoir une armée d'obfervation ; parceque la place affiégée feroit toujours toute ouverte , & l'on
y pourroit jetter du fecours & des vivres toutes
les fois qu'on le voudroit. La dépenfe de ces
tours n'eft pas grande ; un feul de nos baftions
coûte plus que toutes ces tours ; elles confom-
ment peu de poudre, & ne fatiguent pas la garnifon , & ce font trois douzaines d'amufettes
qui font tout cela.

Quelqu'un dira , Je ferai attacher le mineur
à ces tours ; comme fi, avec des bombes que je
jetterai d'en haut, on ne l'en chafferoit pas : & les
deux tours voifines le laifferont-elles là tranquillement ? Ah ! il fe blindera avec des madriers ; comme fi mes amufettes ne les perçoient pas comme

du papier. J'ai percé avec ces armes de gros chênes, qui avoient plus de dix-huit pouces de diamètre, à mille pas de diſtance. Ainſi il y a apparence que le mineur peut être délogé du pied de ces tours ; & d'ailleurs, s'il vient de loin ſans être ſoutenu, la tour attaquée par le mineur fait des ſignaux, & l'on y envoie à la pointe du jour un ſergent avec dix hommes ſoutenus de cent, qui l'aſſomment dans ſon trou ; & s'il ſe ſauve, il eſt fuſillé. Ce mineur ne ſçauroit être ſoutenu , parce que l'on plonge du haut de ces tours dans les logemens que l'on pourroit faire apporter pour le ſoutenir. Voilà ce qui regarde l'attaque & la défenſe de ces tours.

Quant aux avantages que l'on en retire, ils ſont très-conſidérables. 1°. Elles éloignent l'ennemi de la place ; elles l'obligent à une bien plus grande circonvallation, ce qui augmente ſes travaux & l'oblige à avoir une grande armée ; ſans cela, l'on peut toujours jetter du ſecours dans la place. S'il vient une armée de ſecours, il eſt obligé de lever ſes quartiers & de les raſſembler, car il ne peut reſter épars ſur une ſi grande diſtance : ce qui fournit toujours les moyens de faire entrer quelque ſecours, & cela fatigue extrêmement.

D'ailleurs, jufqu'à ce que ces tours foient prefque toutes prifes, l'on peut toujours envoyer les
beftiaux à la pâture, ce qui n'eft pas un petit avantage. S'il y a quelque corps d'armée que l'on
veuille mettre à couvert, ou des dépôts d'armée,
l'on n'a qu'à les faire camper fur le glacis, où ils
font en fureté dans l'enceinte de ces tours * comme dans un camp retranché, furtout fi on les
joint par un bon foffé; car perfonne ne s'avifera
de paffer entre deux pour les aller infulter. D'ailleurs, elles font de petite garde. Un fergent avec
quatre hommes dans chacune eft tout ce qu'il y
faut mettre; ce qui ne fait jamais que cent quatrevingt hommes de garde.

Je finirai ici de parler de fortifications. Cette
partie de la guerre ne m'a mené que trop loin;
bien que j'aurois encore à parler de plufieurs ma-
chines, & d'inventions fort dangereufes; mais il
n'y en a déjà que trop pour détruire les hommes.

* Planche XI.

ARTICLE TROISIEME.

Calcul du tems auquel quatre mille huit cent hommes pourront conſtruire un fort octogone ſuivant mon plan & mes profils.

Première partie, pour former les parapets & banquettes d'un front de polygone.

Premiere partie. De l'excavation du foſſé.

	toiſ. cub.	pieds		toiſ. cub.	pieds		toiſ. cub.	pieds
Longueur, . .	72							
Largeur réd. .	3		}	288				
Profondeur, .	1	2						
Seconde partie.						}	581	2
Longueur, . .	44							
Largeur réd. .	5		}	293	2			
Profondeur, .	1	2						

Employant à cet ouvrage ſix cent hommes, dont quatre cent fouilleront, & les deux cent autres formeront les parapets & banquettes, régaleront & battront les terres. Chaque travailleur peut jetter à la pelle ou voiturer à la hotte une toiſe cube, par jour de dix heures : ainſi, dans quinze heures, les quatre cent hommes excaveront le foſſé d'un front de polygone qui contient

cinq

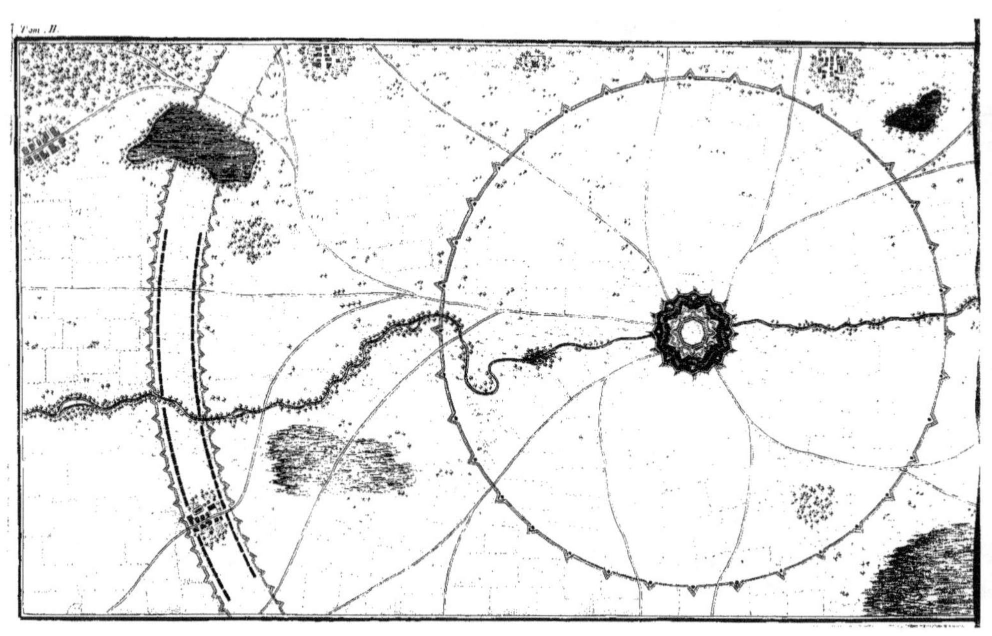
Tom. II.

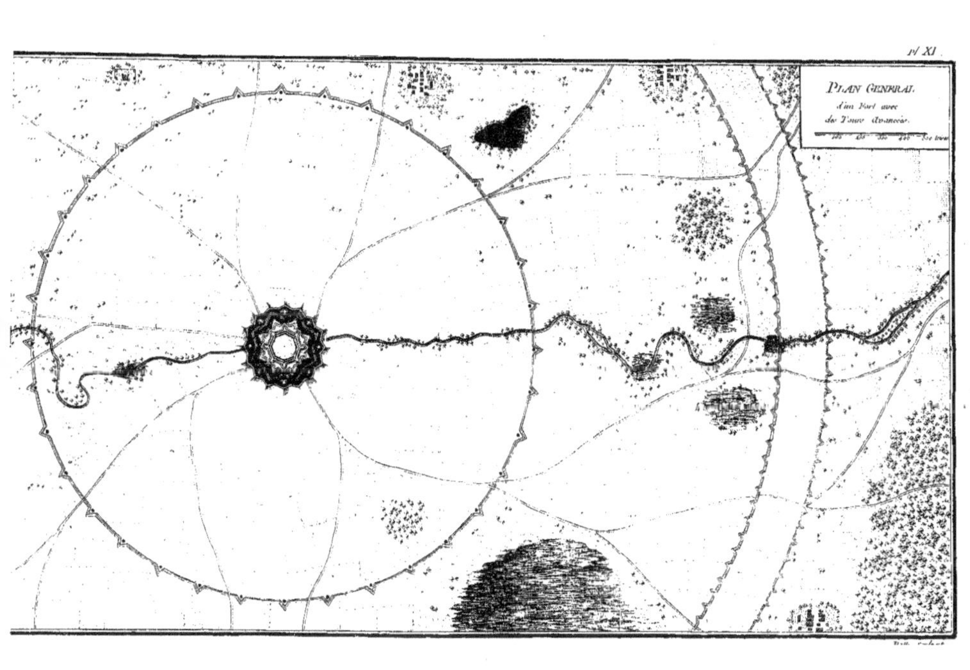

PLAN GENERAL
d'un Fort avec
des Tours Avancées.

cinq cent quatre vingt une toises deux pieds, & les deux cent formeront les ouvrages : partant quatre mille huit cent travailleurs formeront, dans lesdites quinze heures, huit polygones.

Deuxième partie, pour former les ravelins.

Première partie. De l'excavation du fossé.

	toises.	pieds.		toif. cub.	
Longueur, . .	72				
Largeur réd. .	3		288		
Profondeur, .	1	2			

Deuxième partie. $1304\frac{2}{3}$ (toif. cub.)

			toif. cub.	
Longueur gén.	122			
Largeur réd. .	5		$1016\frac{2}{3}$	
Profondeur, .	1	4		

Quatre cent travailleurs, & deux cent régaleurs formeront un ravelin, suivant le calcul ci-dessus, d'une toise quarrée, dans dix heures : en trente-une heures & demie, & dans le même tems, quatre mille huit cent hommes formeront les huit ravelins.

Troisième partie, pour former les contre-gardes.

	toises.	pieds.		toif. cub.
Longueur générale, . . .	122			
Largeur réduite , ...		5		$1016\frac{2}{3}$
Profondeur, ...	1	4		

Quatre cent travailleurs & deux cent régaleurs

formeront la contre-garde d'un front de polygone dans vingt-cinq heures : & dans le même
tems, quatre mille huit cent hommes conſtrui-
ront celles qui font devant les huit ravelins.

Quatrième partie, pour former les lunettes,
le chemin couvert & le glacis.

Première partie. De l'excavation du foſſé.

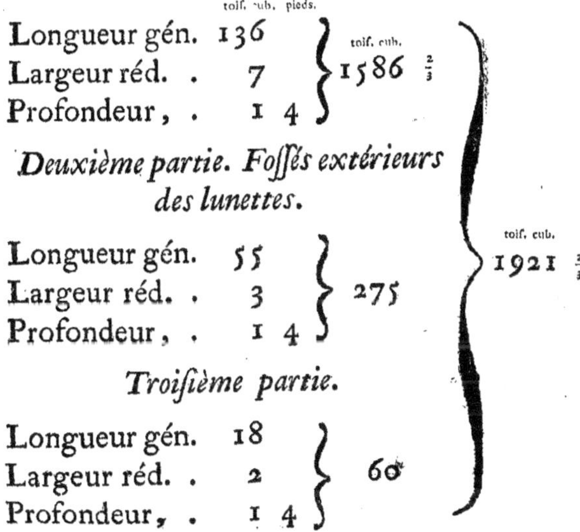

Quatre cent travailleurs & deux cent régaleurs
formeront les lunettes, le chemin-couvert & le
glacis d'un front de polygone, dans quarante

heures trois quarts : & dans le même tems quatre mille huit cent hommes conftruiront tous ces ouvrages fur les huit fronts d'un octogone.

RECAPITULATION.

	heures.	quarts.		heures.	quarts.
Première partie, ...	15		}		
Deuxième partie, ...	31		}	111	$\frac{3}{4}$
Troifième partie, ...	25		}		
Quatrième partie, ...	40	$\frac{3}{4}$	}		

Tout l'ouvrage peut être fait dans cent onze heures trois quarts; &, à dix heures par jour, en onze jours une heure trois quarts.

Bien que tous ces calculs foient réels, l'on ne doit cependant pas y compter pour la pratique; & je ne les ai faits que pour donner une idée de détermination à des chofes incertaines : en y ajoutant le double ou le triple de tems, l'on ne fçauroit fe tromper, & la conféquence n'en eft pas bien grande.

Quant à la manière d'employer les travailleurs, la plus avantageufe eft de faire travailler par quarts, c'eft-à-dire, de les faire relever toutes les trois heures; alors le travail eft continuel, toutes les troupes font employées fans être fatignées, & avec vigueur : car le foldat qui ne travaille que trois heures par jour peut être preffé. Mais cela doit fe faire au fon du tambour en cadence. C'eft ainfi que les Lacédémoniens fous Lyfandre, avec un détachement de trois mille hommes, détruifirent au fon de la flûte, en fix heures de temps, le port de Pyrée. Il nous eft même refté quelque femence de cette méthode de travailler, & il n'y a que peu d'années que l'on fit faire aux forçats des galères à Marfeille un grand remuement de décombres mêlées de poutres énormes, en cadence & au fon du tambourin.

Il faut, dans les ouvrages terraffés, autant qu'il fe peut, faire jetter les terres à la pelle, de berme en berme, ou de relais en relais. Le brouettage a plufieurs inconvéniens :

1°. La dépenfe du fond des brouettes, leur entretien, & l'embarras de les voiturer.

2°. Les rampes douces, qu'il faut pratiquer pour voiturer les terres, allonge confidérablement la marche, qui n'eft jamais égale & fans embarras, que lorfque le fort foldat règle la fienne fur celle du plus foible.

Le foldat peut facilement jetter fa pelletée de

terre à neuf pieds de hauteur, & même à douze : lorfqu'il ne peut pas faire cette manœuvre, il faut la lui faire porter à la hotte. Auquel cas, on divife les terraffiers en deux parties ; une qui pioche & charge, & l'autre qui tranf-porte.

Les pionniers obfervent en fouillant de laif-fer des banquettes, fur lefquelles les hotteurs s'affeyent, ainfi que leurs hottes, & ils fe repo-fent pendant que les pionniers chargent : après quoi ils partent & vont les décharger aux en-droits marqués par les piqueurs, ou chaffe-avant. Une hotte peut avoir trois pieds de hau-teur, fix pouces quarrés au fond, & au fommet un pied fur dix-huit à vingt pouces ; elle contient, & peut être chargée de deux pieds cubes que le foldat peut porter, parcequ'ils ne pèfent guère plus de deux cent cinquante livres, que toute fa force eft dans fes reins, qu'il n'eft chargé qu'en allant, qu'en revenant il ne porte pas fix livres, & qu'il fe repofe pendant qu'on le charge.

D'ailleurs, un homme qui porte doit aller plus vîte que celui qui pouffe devant foi fur une rampe. Il n'y a point ou peu de difficulté à vuider la hotte, parcequ'elle forme une py-

ramide renversée, où la terre n'est point affais-
sée; & que le hotteur, pour cet effet, n'a qu'à lever de la main le fond de sa hotte, & se pen-
cher sur le côté. Mais tout cela doit se faire en
cadence, & au son de quelqu'instrument.

CHAPITRE CINQUIEME.

De la guerre des montagnes.

Ceux qui font la guerre dans les montagnes ne doivent jamais se hasarder de passer dans des gorges, sans auparavant être les maîtres des hauteurs; alors toutes les embuscades cessent, & l'on passe en sûreté : sans cela, on court grand risque de s'y voir assommer, & d'être réduit à retourner sur ses pas, non sans grande perte; & quelquefois l'on y périt avec tout son monde, sans pouvoir se sauver. Si l'on trouve les passages occupés, ainsi que les hauteurs, il faut faire mine de les vouloir forcer, pour attirer l'attention de l'ennemi, & chercher quelqu'autre part un chemin. Cela déconcerte l'ennemi; il n'a point compté là-dessus; il ne sçait plus quelle disposition faire, parcequ'il craint lui-même; & bien souvent il abandonne tout. Quelque affreuses que paroissent les montagnes, l'on y trouve des passages en cherchant. Les hommes qui les habitent ne les connoiſſent pas eux-mêmes, parceque la néceſſité ne les a pas obligés à les chercher; & il n'en faut jamais croire les habitans, qui ne connoiſſent les choſes de leur pays que par tradition : j'ai ſouvent reconnu leur ignorance & l'impoſture de leurs récits. Il faut, en pareil cas, chercher & voir ſoi-même, ou employer des gens qui ne s'effraient point des difficultés; on trouve preſque toujours, lorſqu'on cherche ces choſes: & l'ennemi, qui lui-même ne les connoît pas, ne ſçait quelle meſure prendre', & s'enfuit, parcequ'il n'a compté que ſur les choſes ordinaires, qui ſont les chemins pratiquables.

CHAPITRE

CHAPITRE SIXIEME.

DES PAYS COUPÉS , OU REMPLIS DE HAIES ET DE FOSSÉS.

COMME l'ennemi, dans ces fortes de pays, eft auffi embarraffé qu'on le peut être, l'on a peu à craindre ; ce font des affaires de détail qui ne décident de rien, & où le plus opiniâtre l'emporte. Il n'y a qu'une chofe à obferver ; c'eft d'avoir fes derrières libres, pour pouvoir faire des détachemens, & fe retirer en cas de befoin. C'eft là où l'habileté de bien fçavoir placer fon canon fert merveilleufement bien. Comme l'ennemi n'oferoit bouger des poftes qu'il occupe, on le canonne à l'aife : s'il les abandonne, la retraite n'eft pas toujours heureufe, & l'on a quelquefois le bonheur de l'entamer. En tout, ces affaires ne font jamais bien décifives, & doivent être réglées fur la fituation des lieux ; ainfi l'on ne fçauroit prefcrire aucune méthode là-deffus. Il

TOME II.   K

faut cependant obſerver, comme une règle, de pouſſer toujours devant ſoi & ſur les flancs de la marche, lorſque l'on marche dans ces pays-là, des détachemens de cent hommes, ſoutenus du double, & ce double du triple, pour être à couvert & en ſureté.

Un détachement de ſix cent hommes va arrêter ſur cul une armée, parceque, ſur des chauſ-ſées bordées de haies & de foſſés, telles que l'on en trouve en Italie & dans tous les pays gras & aquatiques, l'on préſente le même front à l'en-nemi. La moindre maiſon fait fortification, & ſoutient un combat très-rude ; ce qui vous donne le tems de vous reconnoître & de faire une diſ-poſition ; car, dans ces ſortes de pays là, il faut prendre garde aux ſurpriſes.

Un partiſan qui aura l'eſprit audacieux, vous fera, avec trois ou quatre cent hommes, un déſor-dre affreux, & vous attaquera fort bien une ar-mée. S'il coupe les équipages à l'entrée de la nuit, il en emmenera une grande partie, ſans qu'il riſque grand'choſe, parcequ'il ſe retire entre deux foſſés & qu'il fait ferme à la queue : s'il eſt pouſſé, il longe tout du long des chariots ; & la première maiſon qu'il trouve, il vous ar-

rête fur cul : pendant ce tems-là, ce qu'il vous a
pris d'équipages coule & gagne pays.

S'il vous fait ce tour-là dans votre cavalerie,
il y mettra un défordre épouvantable. C'eft pourquoi il faut toujours pouffer des détachemens
fur toutes les avenues de votre marche, & il ne
les faut pas foibles ; car il n'eft pas queftion d'être
averti, il faut combattre, & jufqu'à la mort : car
fans cela il arrive des chofes deshonorantes, fi
vous avez affaire à un général ennemi qui ait le
fens commun, parcequ'il aura bientôt trouvé des
gens dans fon armée qui auront l'efprit pénétrant
& hardi, & qui voient les chofes telles qu'elles
font.

K ij

CHAPITRE SEPTIEME.

DES PASSAGES DE RIVIÈRES.

IL n'eſt pas ſi aiſé qu'on le croiroit bien d'empêcher l'ennemi de paſſer une rivière ; & il le peut plus aiſément en venant pour vous attaquer, qu'en voulant ſe retirer devant vous. Dans l'un de ces cas, il vous montre ſa tête, & la ſoutient d'une bonne diſpoſition & d'un grand feu d'artillerie : & dans l'autre, il vous montre ſa queue qui n'eſt pas toujours ſi aiſée à retirer ; d'autant plus que l'on ſe preſſe, & que jamais l'on ne fait cette diſpoſition avec tant de ſoin que celle pour attaquer ; qu'on ne l'exécute pas avec tant d'attention, tout le monde devenant négligent là-deſſus, ou d'une eſpèce de timidité qui fait que vous êtes à moitié battu. Il ſeroit difficile de donner une bonne raiſon de cela, & on la doit chercher dans le cœur des hommes qui eſt machinal.

Il y a encore une autre forte de paſſages de rivières, qui ſont ceux qui ſe font en prêtant le flanc. Avant la bataille de Turin, monſieur le prince Eugène paſſa ainſi trois rivières en deux jours, en préſence de monſieur le duc d'Orléans, & en lui prêtant le flanc. Le terrein étoit de plein pied d'une armée à l'autre, & c'étoit bien là l'occaſion de le combattre avec des troupes même inférieures : on n'en fit cependant rien, & l'on fut forcé & contraint de lever le ſiége de Turin.

En pareil cas, ſi on ne lève pas à propos le ſiége pour marcher à l'ennemi, celui qui vient au ſecours a toujours l'avantage de ſon côté ; parceque l'affaire n'eſt jamais une affaire générale pour lui, mais bien pour celui qui eſt attaqué ; parceque l'attaquant a toutes ſes troupes raſſemblées dans un endroit reſſerré entre deux rivières, ſes flancs en ſureté, & eſt ſur une grande profondeur ; & que celui qui inveſtit une place eſt au large, & ne peut garder ſes entre-deux de rivière que par un nombre médiocre de troupes : ſi elles ſont battues, toute l'enceinte en eſt ébranlée. On les prend en flanc, & la déroute s'y met bientôt. Si l'on balance un moment dans ces fortes de cas, on eſt perdu. Quelquefois auſſi l'ennemi ne fait cette montre que pour donner de la jalouſie, pour vous faire dégarnir vos poſtes, afin de pouvoir jetter du ſecours dans la place. C'eſt là l'habileté du général, de ſçavoir diſtinguer le vrai d'avec le faux.

Le plus ſûr eſt de ramaſſer toutes ſes troupes dans le même terrein où l'ennemi eſt, de laiſſer des corps de troupes ſous les armes à l'entour de la circonvallation, pour pouvoir les tranſporter, & attaquer ce qui ſe préſente pour entrer dans la place. Mais il ne faut pas reſter les bras croiſés, comme ſi l'on étoit enchanté dans une circonvallation, & voir paſſer à une armée une rivière devant ſoi, où l'ennemi préſente le flanc des deux côtés : on n'a qu'à choiſir ſur lequel des deux l'on veut tomber; & il y a apparence que l'on en aura bon compte.

A l'affaire de Denain, monſieur le maréchal de Villars étoit perdu, ſi monſieur le prince Eugène avoit marché à lui, parcequ'il lui prêtoit le flanc, & qu'il paſſoit une rivière en ſa préſence. Le prince Eugène ne put jamais ſe figurer que le maréchal fît cette manœuvre en ſa préſence: & c'eſt ce qui le trompa. Le maréchal de Villars avoit très-adroitement masqué sa marche. Le prince Eugène la regarda & l'examina jusqu'à onze heures, sans y rien comprendre. Toutes les troupes étoient sous les armes ; il n'y avoit qu'à marcher en avant, & l'armée françoise étoit perdue, parcequ'elle prêtoit le flanc, & qu'une grande partie avoit déjà passé l'Escaut. Le prince Eugène dit à onze heures : *Je crois qu'il vaut mieux aller dîner*, & fit rentrer les troupes. A peine étoit-il à table que mylord d'Albermarle lui fit dire que la tête de l'armée françoise paroissoit de l'autre côté de l'Escaut, & faisoit mine de vouloir l'attaquer : il étoit encore tems de marcher à l'armée de France ; un grand tiers de cette armée auroit été perdu. Le prince Eugène donna ordre à quelques brigades de sa droite de se rendre au retranchement de Denain, qui étoit à quatre lieues de-là : pour lui, il s'y transporta à toutes jambes, ne pouvant croire encore que c'étoit la tête de l'armée de France. Enfin il la voit, & lui voit faire sa disposition pour l'attaquer : dans le moment, il jugea le retranchement de Denain forcé.

On m'a dit (car je n'y étois pas) qu'il avoit examiné l'ennemi pendant un moment, & qu'il

avoit mordu de dépit dans son gant. Quoi qu'il
en soit, il donna sur le champ ordre que l'on
retirât la cavalerie qui étoit dans ce poste.

Les effets que produisit cette affaire sont in-
concevables. Elle fit une différence de plus de
cent bataillons sur les deux armées : car le prince Eugène fut obligé de jetter, dans toutes les
places voisines, des garnisons ; parceque le maréchal voyant que les alliés ne pouvoient plus
faire de siéges, tous leurs magazins étant pris,
tira des garnisons voisines plus de cinquante bataillons qui grossirent tellement son armée, en
comparaison de la diminution de celle des alliés, que le prince Eugène n'osa plus tenir la
campagne, & qu'il fut obligé de jetter tout son
canon au Quesnoi, qui y fut pris.

Quand les villes sont situées dans le confluent
des rivières, il est toujours possible à une armée,
qui vient au secours, de rompre les ponts qui
servent à la communication de l'assiégeant, ou
du moins quelqu'un d'eux : moyennant quoi, il
ne se trouve plus qu'un tiers de l'armée qui agit
contre toute celle qui vient au secours. Les as-
siégeans sont fort embarrassés ; car cette partie
de leur armée forcée, les deux autres sont obli-
gées

gées de lever le siége; & de cette partie battue,
il ne s'en sauve guère. Ceux qui viennent au
secours de la place ne craignent rien, en attaquant une telle contrevallation; parceque l'assiégeant n'oseroit sortir de son poste, à cause de
la supériorité du nombre qu'il trouveroit, & de
la grandeur du terrein qui va en s'élargissant.
Cette obligation de rester derrière ses retranchemens rend l'ennemi audacieux, parcequ'il
ne craint rien, & celui qui va être attaqué n'est
point à son aise; ce qui fait plus des trois quarts
du gain d'une affaire.

A l'égard des passages des rivières de vive
force, je crois qu'il n'est guère possible de les
empêcher, parcequ'ils sont ordinairement sou-
tenus d'un si grand feu de canon, qu'il est impos-
sible d'empêcher qu'une tête ne passe, ne se re-
tranche, & ne fasse un ouvrage pour couvrir la
tête du pont. Il n'y a rien à faire pendant le jour:
mais pendant la nuit on peut attaquer cet ouvrage; & s'il se trouve que ce soit dans le tems
que l'armée ennemie commence à passer dessus,
la confusion se met partout; ce qui est passé est
perdu, & l'on fait rebrousser chemin au reste.
Mais il faut y aller en force. Si vous laisser pas-

fer la nuit, vous trouverez le lendemain toute
l'armée paffée ; alors ce n'eft plus une affaire de
détail, mais une bataille entière, qu'il ne convient
pas toujours aux affaires d'un état de hafarder.

Il y a une quantité d'inventions & de rufes
pour le paffage des rivières, que chacun emploie felon qu'il eft plus ou moins habile &
plus ou moins ingénieux.

Puifque je fuis fur les affaires de détail , il
faut que je dife ce que c'eft que de donner le
haraux : il n'y a que peu de partifans qui le fçachent.

Donner le *haraux* , eft une manière d'enle-
ver les chevaux de la cavalerie à la pâture & au
fourage , qui eft très-plaifante. On fe mêle dé-
guifé à cheval , parmi les fourageurs ou les
pâtureurs, du côté que l'on veut fuir. On commence à tirer quelques coups. Ceux qui doivent ferrer à la queue y répondent à l'autre
extrémité de la pâture ou du fourage : puis
l'on fe met de toute part à courir vers l'endroit
où l'on veut amener les chevaux, en criant &
en tirant. Tous les chevaux fe mettent à fuir
de ce côté-là, couplés ou non couplés, arra-

chent les piquets, jettent à bas leurs cavaliers & la trouffe, s'arrachent de leurs mains ; & fuffent-ils cent mille, on les amène ainfi plufieurs lieues : on entre, en courant, dans un endroit entouré de haies ou de foffés, où l'on s'arrête fans faire de bruit, & puis les chevaux fe laiffent prendre tranquillement. C'eft un bon tour à jouer à l'ennemi, & qui le défole. Je l'ai vu jouer une fois : mais comme tout s'oublie, je penfe bien que perfonne n'y fonge à préfent.

Le jour que fe donna le combat de Denain, l'affaire finie, la cavalerie françoife avoit mis pied à terre ; & le maréchal de Villars paffant le long de la ligne, comme il étoit toujours gai, parlant à des foldats d'un régiment de la droite, il leur dit, *Eh bien, mes enfans ! nous les avons battus.* Quelques-uns fe mirent à crier *vive le roi*, & à jetter leurs chapeaux en l'air : toute la ligne fe mit à crier, à jetter les chapeaux en l'air & à tirer ; la cavalerie s'en mêla : cela effraya tellement les chevaux, qu'ils s'arrachèrent des mains des cavaliers & qu'ils s'enfuirent tous. S'il y avoit eu quatre hommes qui euffent couru devant eux, ils les auroient

L ij

menés à l'ennemi. Cela fit un défordre & un dommage confidérable ; il y eut beaucoup de gens bleffés, & quantité d'armes perdues.

C H A P I T R E H U I T I E M E.

DES DIFFÉRENTES SITUATIONS.

TOUTES les différentes situations ne font pas unies comme un plan : il y en a même très-peu qui le foient. Elles ont prefque toutes leurs rivières, dont un habile général fçait profiter ; je veux dire des ravins, des chemins creux, des chaînes d'étangs, & une infinité d'autres chofes dont on fe fert merveilleufement bien pour rufer, quand dieu a fait la grace à un homme d'avoir le fens commun.

Quelquefois ces chofes, qui changent fi fort la fituation & la queftion, ne s'apperçoivent que lorfque l'on a, comme l'on dit, le nez fur l'enfant : alors il eft trop tard, & l'on fe voit réduit à l'abfurde.

Suppofons donc un terrein coupé par un ruiffeau & des étangs, ainfi qu'en voici le plan. *

A, eft l'armée qui vient pour attaquer.

* Planches XII, XIII.

B , eft l'attaquée. Je mettrois toute mon infanterie fur une ligne. Dès que l'ennemi feroit
à portée, je démafquerois les étangs, en faifant
repaffer les chauffées à l'infanterie, pour en former une feconde ligne ; ma cavalerie pafferoit
en même-tems les chauffées des étangs, & fe préfenteroit pour tenir en échec l'aîle gauche de
l'ennemi : ce mouvement feul le décontenance.
Si l'ennemi faifoit mine d'attaquer cette aîle de
cavalerie, je la ferois repaffer les chauffées, & laifferois des poftes d'infanterie pour les garder.

Cette manœuvre auroit engagé l'ennemi en
avant; il n'auroit plus le tems de fe jetter fur fa
droite : ma cavalerie feroit arrivée à ma droite,
& en même tems j'attaquerois ce qui fe trouveroit
entre le ruiffeau & moi. Ma cavalerie de la
droite repafferoit les étangs, pour amufer la gauche; & il y a quelque apparence que je mettrois
de la confufion dans la droite de l'ennemi. Cette
droite étant battue, la gauche feroit bientôt
prife en tête & en queue par mes deux aîles de
cavalerie , & en flanc par toute mon infanterie;
& je ne penfe pas qu'elle s'en tirât bien. Si elle
faifoit le moindre mouvement, qu'elle voulût
préfenter le front à mon infanterie, elle prête-

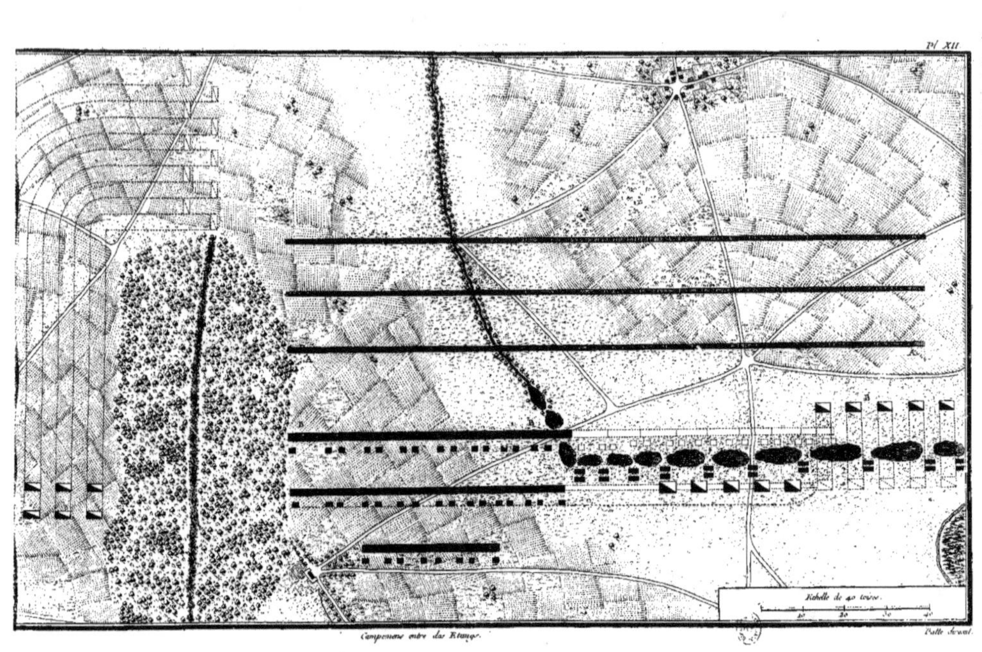

Pl. XII
Echelle de 40 toises.
10   20   30   40
Campement entre des Etangs.
Valte Sculp.

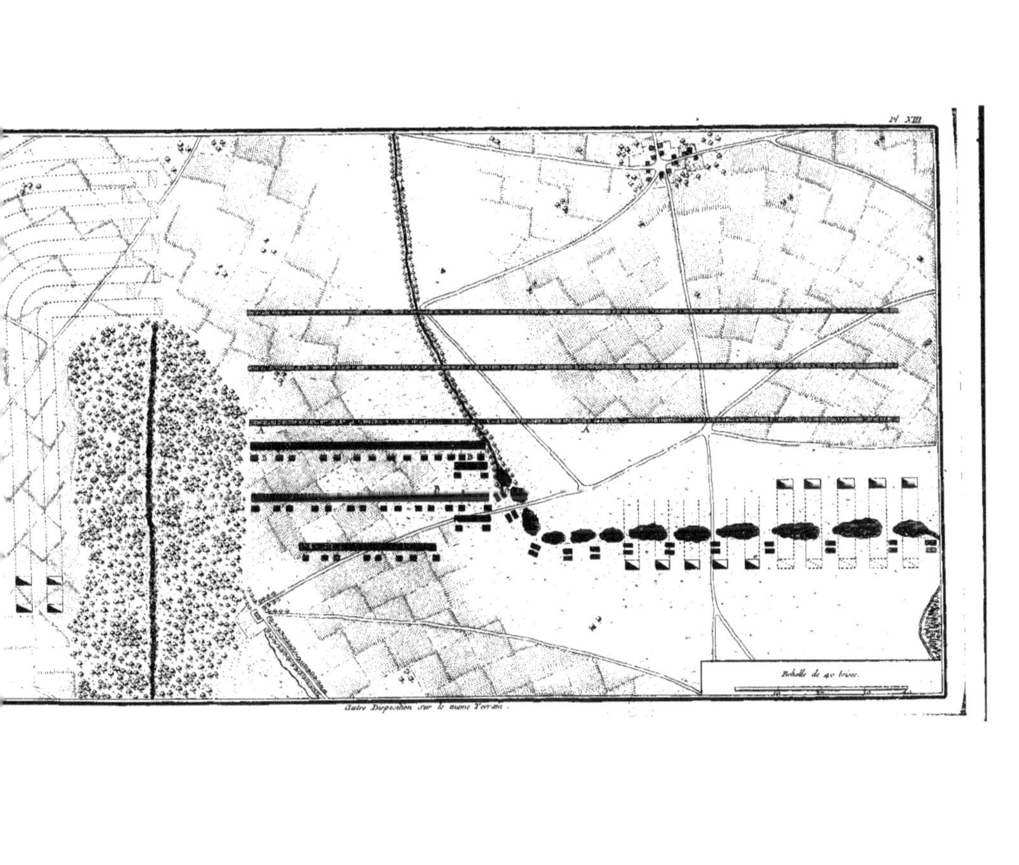

Autre Disposition sur le même Terrain.

roit le flanc à ma cavalerie de la droite ; & ce feul mouvement qu'elle feroit obligée de faire, la mettroit en défordre.

Selon cet ordre, je fuppofe l'ennemi une fois plus fort que moi. On me dira, Votre cavalerie de la droite court rifque d'être écrafée. Tant mieux, parceque plus il fera occupé de l'objet qu'il a devant lui, & plus il y fera enfourné. Je lui tomberai à dos : & puis ma cavalerie aura bien du malheur, fi une partie ne fe fauve fur les chauffées des étangs où l'ennemi n'oferoit la pourfuivre.

Il eft tems de paffer à une autre fituation. *

A eft l'armée attaquante.

B, l'attaquée.

C, deux ou trois bonnes redoutes à trois cent pas du front de l'armée attaquée, garnies de deux régimens chacune, & de ce qu'il faut pour fe défendre.

D, la cavalerie.

E, deux batteries dont le feu flanque & croife dans la plaine.

F, deux régimens dans deux petites redoutes pour couvrir les batteries.

* Planche XIV.

Je fuppofe que l'ennemi foit une fois plus fort, comment m'attaquera-t-il dans ce pofte? Viendra-t-il en front de bandière? Il ne le peut fans fe rompre , parcequ'il faut auparavant qu'il emporte les redoutes; cette occupation le met en défordre : mes deux batteries des flancs l'incommodent , & il ne peut paffer outre & laiffer ces redoutes derrière lui. Les fera-t-il attaquer par détachemens? j'en ferois pour les foutenir, & la partie ne fera pas égale, parceque mon canon le prend en écharpe, & l'incommodera beaucoup. S'il avance avec tout le corps jufqu'à ces redoutes, je fais faire le fignal pour faire avancer à toutes jambes ma cavalerie de la gauche, qui eft embufquée derrière le bois, & qui lui tombera dans fes derrières ; je m'ébranlerai en même tems & l'attaquerai : embarraffé de ces redoutes, un peu en défordre, attaqué par fes derrières, il y a apparence que j'en aurai bon marché.

Ceci eft bon, lorfqu'on fçait l'ennemi dans la volonté ou la néceffité de vous attaquer ; car il faut bien fe garder de vouloir jamais ce qu'il veut ; c'eft un principe à la guerre, excepté dans des cas de néceffité qui n'admettent point

de

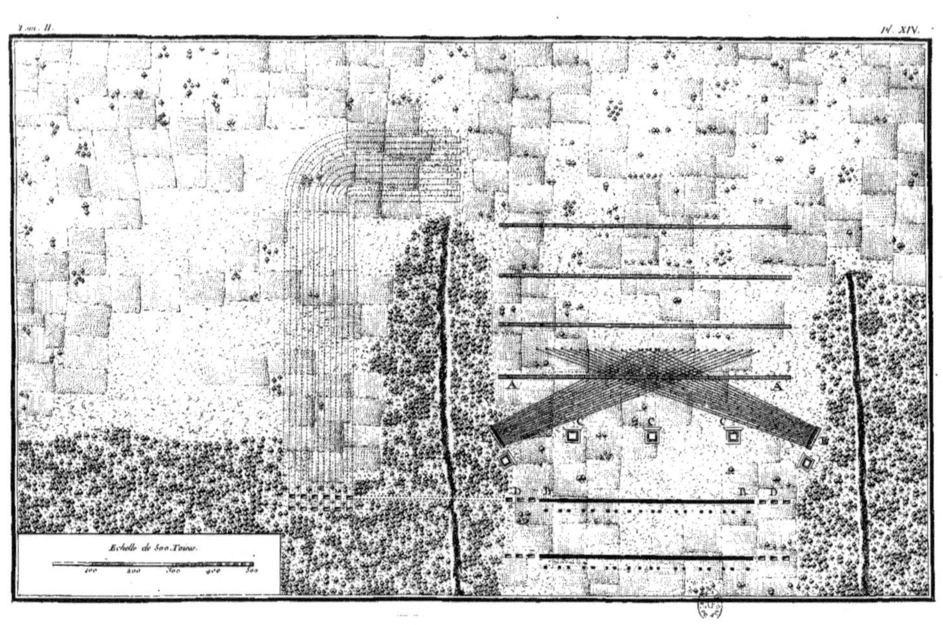

Echelle de 500 Toises.
100   200   300   400   500
A
A

de règles. Mais, quand on a des raifons pour l'attaquer, on ne fçauroit traîner la fituation après
foi; il faut faire la difpofition felon qu'elle la
dicte; & ne le point attaquer, fi elle ne vous eft
avantageufe.

J'appelle avantageufe, lorfque vos flancs font
bien couverts, & que vous pouvez attaquer avec
la plus grande partie de vos troupes la moindre
des fiennes; que vous pouvez amufer la plus
grande partie avec peu, & la tenir en panne.
Quand une petite rivière le fépare, un marais, ou
autre chofe enfin, alors vous pouvez hardiment
l'attaquer avec des troupes de beaucoup inférieures; car vous rifquez peu.

Suppofé qu'il foit à cheval fur une petite rivière, comme en voici le plan*; que je marche pour l'attaquer, je ferai ainfi ma difpofition.

A, eft l'armée qui attaque.

B, eft l'attaquée.

Je tiens avec ma droite fa gauche en panne;
je fais tout mon effort tout le long de la rivière
dans l'endroit marqué C; & je le percerai là,
felon toutes les apparences, parcequ'il faut fup-
pofer que le fort emportera le foible. Si donc

*Planche XV.

je l'ai percé, il eft battu ; parceque toute fa gauche, où eft le fort de fes troupes, ne peut plus venir à fon fecours ; & cette plus grande partie fe tiendra pour battue, & fe retirera fans doute.

Paffons à une autre fituation*. Je fuppofe que l'armée attaquée foit A, & que B foit celle qui attaque. Je fuppofe que le ruiffeau qu'elle a devant elle foit guéable, comme il s'en trouve par-tout ; & c'eft, pour l'ordinaire, fur les bords de ces ruiffeaux que l'on fe campe, tant pour être un peu à couvert, que pour la commodité de l'eau. Suppofé donc que les chofes foient ainfi difpofées ; en arrivant fur lui, vers le foir, je me campe devant lui : comme il n'a pas envie de fe commettre à un combat douteux, il ne paffera pas certainement le ruiffeau pour m'attaquer dans la nuit ; il ne quittera pas l'avantage de fon pofte ; il s'occupera toute la nuit à faire fa difpofition pour la défenfe de fon ruiffeau. De mon côté, je ne laifferai qu'une fimple ligne légèrement garnie devant lui ; je marcherai toute la nuit avec le refte, & je me mettrai dans ma pofition C.

Je n'ai rien à craindre en faifant ce mouve-

* Planche XVI.

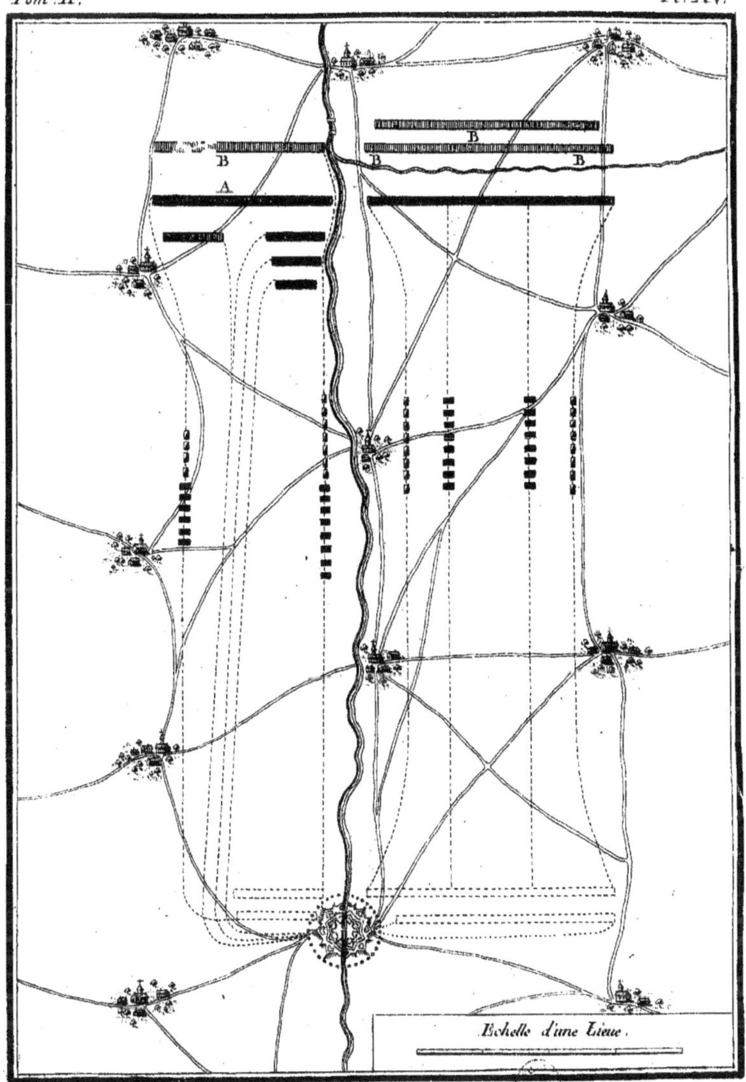

Campement le long d'un Ruisseau.

ment; car bien certainement il ne paffera pas
le ruiffeau, ni ne le dégarnira, fous de fimples
foupçons. Le jour arrivant, il me voit fur fa
gauche & devant lui; quelque mouvement qu'il
faffe, il ne peut que lui caufer du défordre; &
je ferai fur lui, avant qu'il ait pu former fa bataille, fi tant eft qu'il veuille en former une:
car fa grande attention fera toujours fur fon
ruiffeau, que je prétends faire attaquer en même
tems. Il enverra quelques brigades d'infanterie & de cavalerie qui arriveront en détail, &
feront battues de même, parcequ'elles donneront dans un corps d'armée en ordre; & il fera
battu, avant qu'il ait pu fe perfuader que c'eft
là la véritable attaque; & quand fon habileté
iroit à s'en appercevoir, il n'eft pas en lui d'y
remédier, quelque chofe qu'il faffe, fans parler
de l'épouvante qu'il mettra dans fes troupes.

Mais paffons à une autre fituation.

Je fuppofe qu'une armée foit répandue en
différens corps tout du long d'une rivière, fur
une grande diftance, pour couvrir une province, comme il arrive fouvent. Je me répands tout
de même. Voici la fituation *.

* Planche XVII.

M ij

A, eſt l'armée qui défend la rivière.

B, eſt celle qui veut paſſer. Toutes les grandes rivières ont des plaines raſes des deux côtés
de leur rivages, qui ſont bornées par des montagnes petites ou grandes : de ces montagnes
ſortent de petites rivières, ou des ruiſſeaux aſſez
profonds, qui ſe jettent dans la grande rivière.
Il y en a de votre côté auſſi, où vous pouvez
mettre à l'eau un pont, ſans qu'il s'en apperçoive : car c'eſt toujours là la grande difficulté au
paſſage des rivières. Or, ſi vous faites un paſſage de vive force à l'endroit C, & que vous faſ-
ſiez deux fauſſes attaques en même tems à l'endroit D & E, il n'oſera ſe dégarnir nulle part.
Les généraux n'exécuteront pas les ordres qu'ils
recevront, parcequ'ils ſe croiront attaqués, &
que chacun croira ſon attaque la véritable, &
qu'ils ſuppoſeront, avec raiſon, que le général
n'en ſçauroit être informé.

Pendant ce tems-là, tout l'effort ſe fait au
centre, entre les deux rivières du rivage oppo-
ſé F. Et comme le poſte eſt petit, il y aura mis
peu de monde. Si elle réuſſit, cette attaque , il
faut qu'il paſſe l'un ou l'autre de ces ruiſſeaux,
pour me venir attaquer : il ne peut ſe flatter

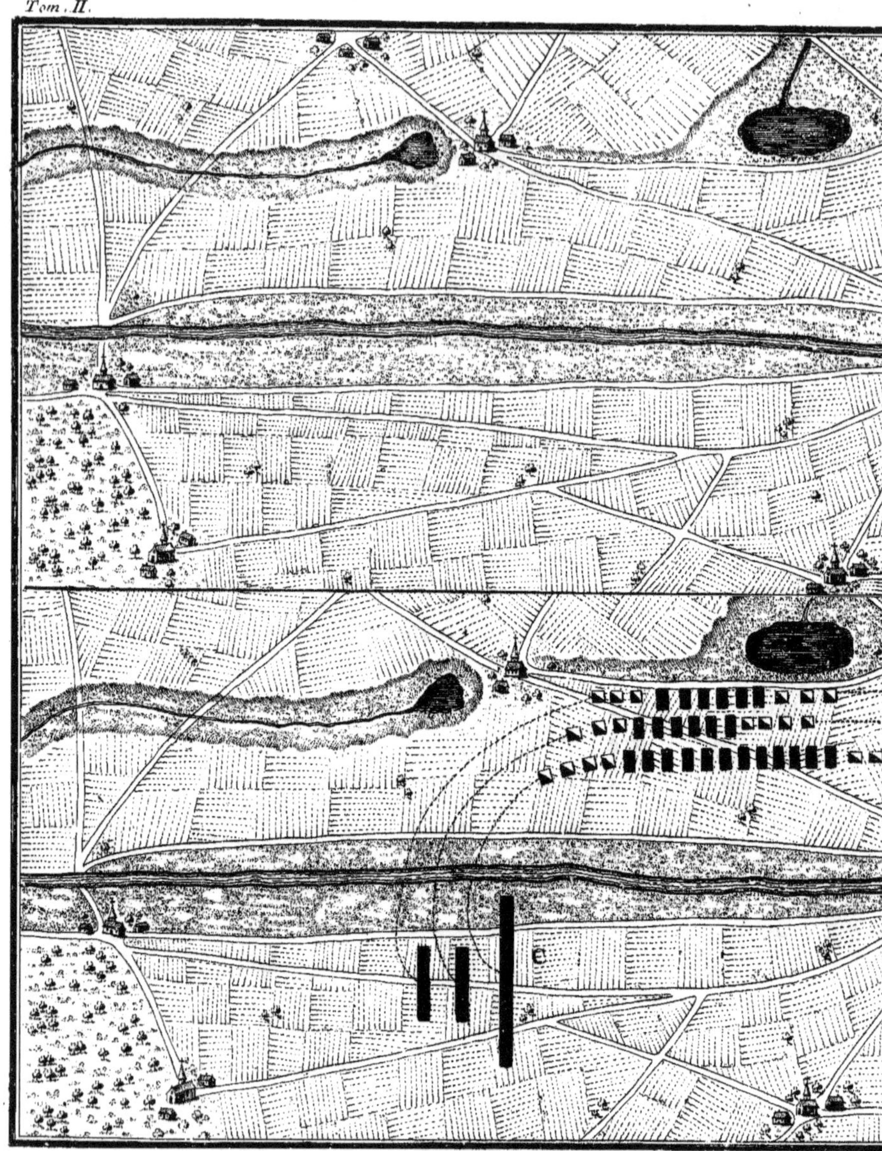

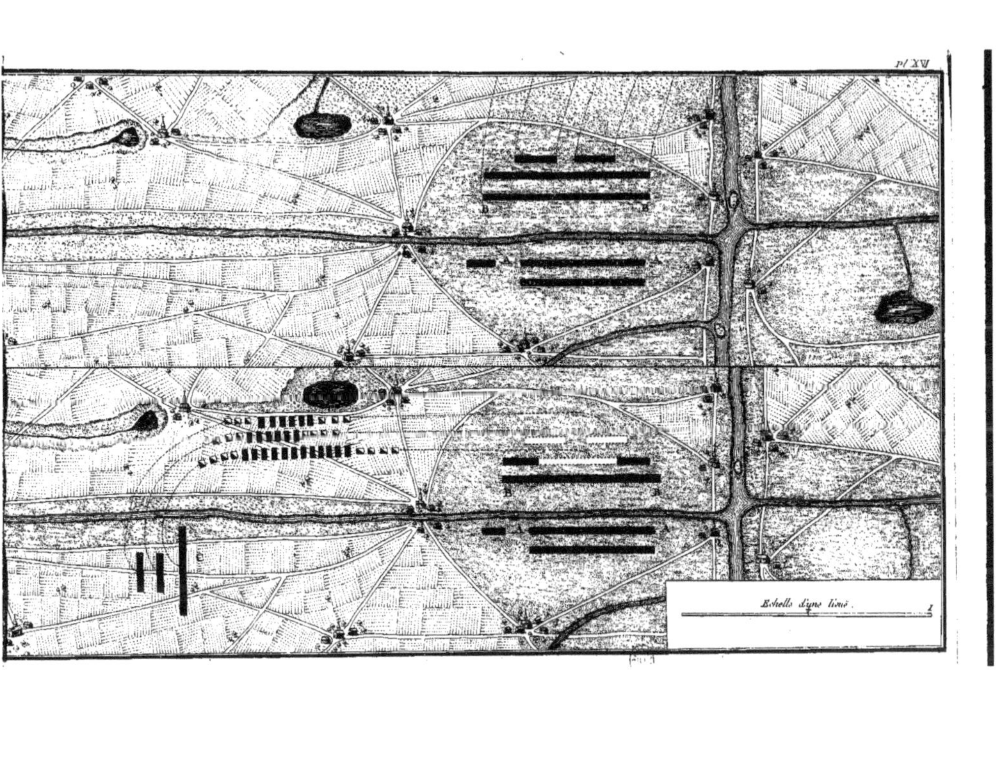

Pl. XVI
Echelle d'une lieue.
1

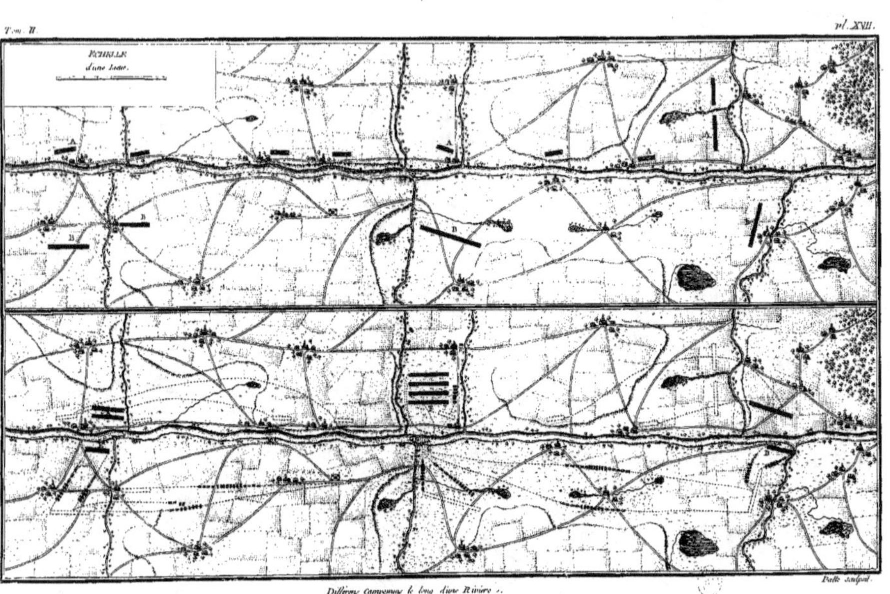

Differens campemens le long d'une Rivière.

Dede sculpsit.

d'arriver en même tems des deux côtés : & si
une fois vous vous êtes allongé entre ces deux
rivières avec un corps raisonnable, il est séparé
en deux ; alors la tête lui tourne. Il veut se rejoindre. Pour cela il faut qu'il aille gagner dans
les montagnes la source de ces rivières, & qu'il
vous prête le flanc. Ces pays sont d'ordinaire
difficiles ; vous l'y joindrez, parceque vous lon-
gerez l'un des deux ruisseaux. Les flancs de votre marche sont à couvert, & il doit y perdre
son bagage & son canon : peut-être ne sçau-
roit-il se rejoindre de toute la campagne. Cela
le met en désordre, parcequ'il abandonne tous
ses dépôts, & vous avez peu risqué ; car votre
passage de rivière a réussi ou n'a pas réussi ; ce
qui ne sçauroit jamais être bien cher, quand les
précautions sont bien prises, & que la disposition aura été bien faite. Si une fois vous avez
pris poste, & que votre pont soit fait, ce qui
n'est pas si long, quatre heures sont suffisantes,
il n'en faut que quatre pour passer trente-mille
hommes ; je lui en donne vingt-quatre avant
qu'il sçache à quoi s'en tenir, & vingt-quatre
avant qu'il ait rassemblé une de ses moitiés, &
qu'il soit arrivé où il le faut. Et avec quoi arri-

vera-t-il fur un ruiffeau que je fuppofe bon, fans quoi je ne prétends pas entreprendre de ces paffages?

Toutes les grandes rivières que j'ai vues produifent quantité de fituations, où des paffages pareils font praticables; & les médiocres de même, mais rarement auffi bons, parceque leurs plaines ne font pas fi étendues, que les montagnes qui les bornent ne font pas fi grandes, & que les ruiffeaux qui en defcendent ne font pas fi profonds.

Je ne veux point finir cette partie fans parler de l'affaire de Malplaquet*. Si, au lieu de mettre les troupes françoifes dans de mauvais retranchemens, on eût fimplement fait des abattis des trois bois vis-à-vis de la trouée, que l'on eût placé dans cette trouée trois ou plus de ces redoutes, je crois que les chofes auroient tourné différemment. Qu'auroient fait les alliés? Auroient-ils ofé attaquer ces redoutes foutenues de plufieurs brigades? Je penfe que, fi cela étoit arrivé, ils s'en feroient mal tirés; parceque, certainement, ils ne les auroient pas emportées, & y auroient perdu une infinité de monde.

* Planches XVIII, XIX & XX.

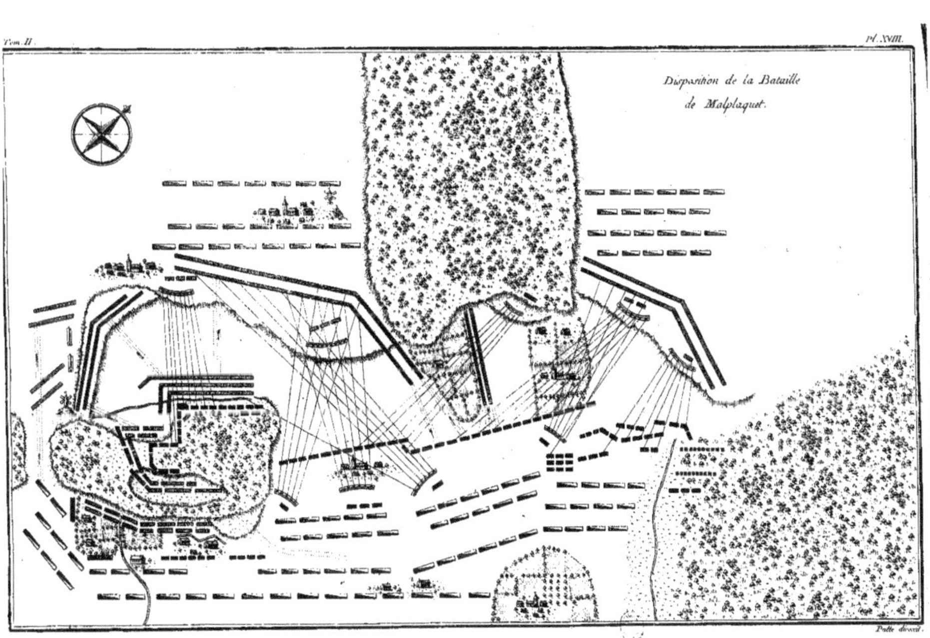
Disposition de la Bataille
de Malplaquet.
Patte direxit.

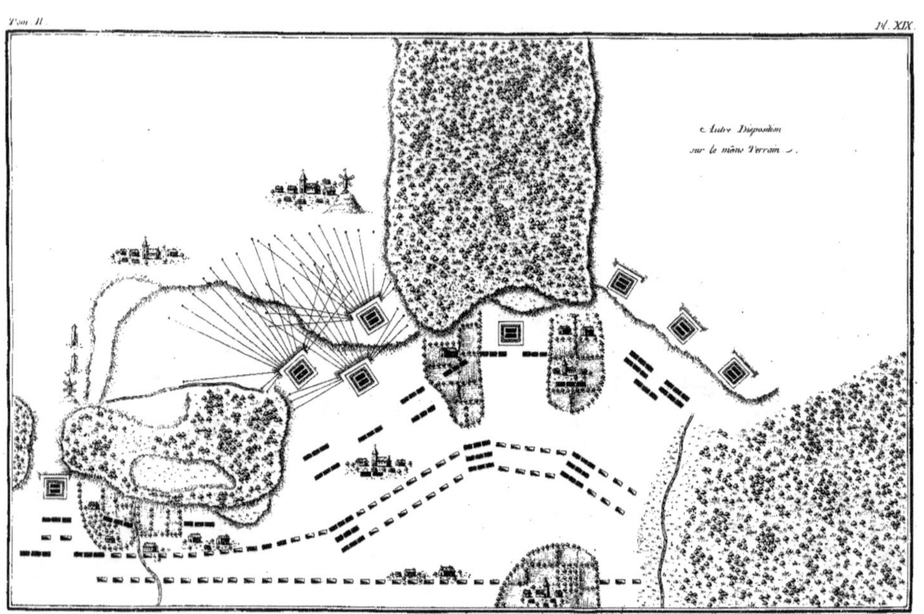
Autre Disposition
sur le même Terrain.
Patte d'oie.

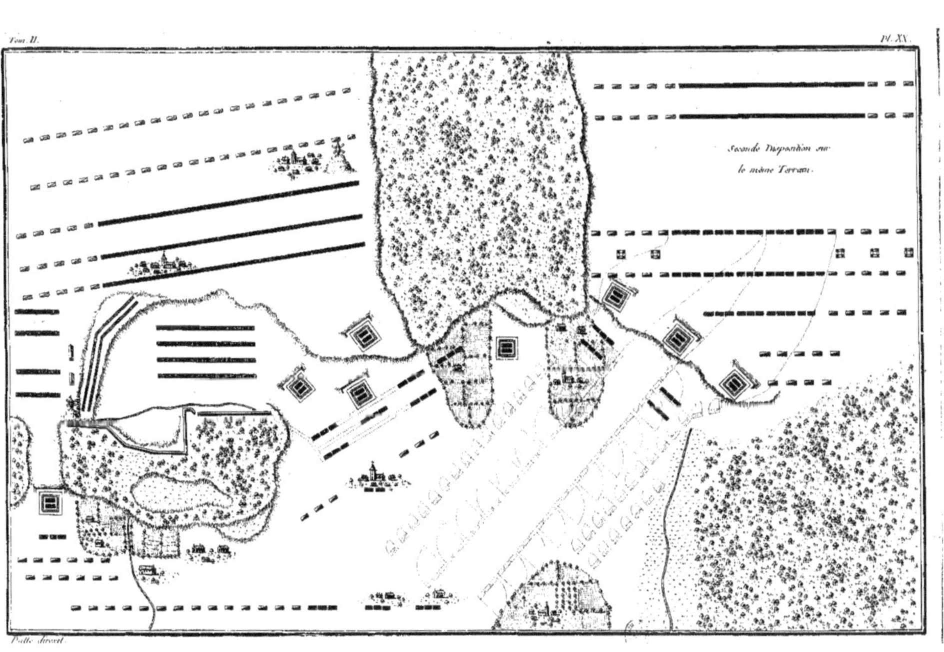
Seconde Disposition sur
le même Terrain.

C'eſt le propre de la nation françoiſe d'attaquer. Lors donc qu'un général ſe méfie du
grand ordre qu'il faut obſerver dans les batailles
& de l'exacte diſcipline des troupes , il n'y a
qu'à faire naître les occaſions de combattre en
détail, & faire attaquer par brigades; & aſſuré-
ment il s'en trouvera bien. La valeur & le feu
qui anime cette nation ne s'eſt jamais démen-
tie : & depuis Jules Céſar (il le dit lui-même
dans ſes commentaires), je ne ſçais aucun exemple qu'ils n'aient bien mordu ſur ce qu'on leur
a préſenté. Le premier choc eſt terrible ; il n'y
a qu'à le ſçavoir renouveller par d'habiles diſpoſitions : c'eſt l'affaire du général. Rien n'y eſt
ſi propre que ces redoutes; vous y envoyez toujours des troupes nouvelles, pour attaquer l'ennemi qui attaque. Rien ne lui cauſe tant de diſtraction & ne le rend ſi craintif; car , tandis qu'il
attaque, il craint toujours d'être pris par ſes
flancs; & vos troupes y vont de méilleur cœur,
parcequ'elles ſentent que leur retraite eſt aſſu-
rée, & que l'ennemi n'oſeroit les ſuivre, & ſe
fourrer entre ces redoutes.

Il faudra bien pourtant qu'il le faſſe, ou qu'il
s'en aille : alors, vous vous trouvez en forces

avec toutes vos troupes derrière ces redoutes. C'eſt dans cette occaſion où vous pouvez tirer le plus grand avantage de cette impétuoſité françoiſe , connue & redoutée chez toutes les nations, & dans tous les temps : mais de les mettre derrière des retranchemens , c'eſt leur ôter le moyen de vaincre ; ils ne ſont alors que des hommes ordinaires.

Qu'auroit-ce été à Malplaquet, ſi monſieur le maréchal de Villars eût pris la plus grande partie de ſon armée, & eût été attaquer une moitié de celle des alliés , qui avoit eu la bonté de ſe mettre de manière qu'elle étoit ſéparée par un bois, ſans pouvoir ſe communiquer? Les derrières & le flanc de l'armée françoiſe auroient été à couvert. J'en laiſſe juger ſur l'expoſition du plan.

Il y a de l'habileté , plus qu'on ne penſe , à faire des mauvaiſes diſpoſitions ; mais il faut ſçavoir les changer en bonnes dans le moment : rien n'étonne plus l'ennemi. Il a compté ſur quelque choſe, il s'eſt arrangé ; & dans le moment qu'il attaque, il ne tient plus rien. Je le dis encore , & je le répète, rien ne déconcerte tant l'ennemi & ne l'engage dans plus de fautes. S'il ne change pas ſa diſpoſition, il eſt battu ; & s'il la change

en

en préfence de fon ennemi, il eft battu encore.
L'efprit humain ne va point là. L'on trouvera bon
que je ne traite pas cette matière à fond; je fuis
trop peu éclairé pour une matière fi nouvelle.

Il me femble cependant que le maréchal de
Villars auroit pu faire une chofe, qui étoit d'a-
bandonner fon retranchement à l'approche des
alliés, en fe mettant dans l'ordre que je propofe:
une contre-marche à droite en faifoit l'affaire;
l'ennemi étoit entouré & battu, parceque la gauche reftoit bien folidement couverte.

CHAPITRE NEUVIEME.

DES RETRANCHEMENS, ET DES LIGNES.

JE ne fuis ni pour l'un, ni pour l'autre de ces ouvrages : je crois toujours entendre parler des murailles de la Chine, quand j'entends parler de lignes. Les bonnes font celles que la nature a faites ; & les bons retranchemens font les bonnes difpofitions & les braves troupes. Je n'ai prefque jamais oui dire qu'il y ait eu de retranchemens attaqués, qui n'aient pas été forcés. J'en ai dit les raifons ailleurs.

Si l'on eft inférieur en nombre, l'on ne tiendra pas derrière des retranchemens où l'ennemi porte toutes fes forces en deux ou trois endroits ; fi l'on eft égal, on n'y tiendra pas non plus : pourquoi donc fe donner la peine d'en faire ? Cela n'eft bon que pour les circonvallations, & pour empêcher que l'ennemi ne jette du fecours dans une place affiégée.

La certitude dans laquelle eſt l'ennemi que vous ne ſortirez pas, le rend audacieux. Il ruſe devant vous, & haſarde des mouvemens de côté, qu'il n'oſeroit faire, ſi vous n'étiez pas retranché : cette audace gagne & officiers & ſoldats. L'homme craint toujours plus les ſuites du danger que le danger même. J'en donnerois une foule de preuves. Suppoſé qu'une colonne attaque un retranchement, & que la tête ſoit ſur le bord du foſſé ; s'il paroît à cent pas de là une poignée de gens hors du retranchement, il eſt certain que la tête de cette colonne s'arrêtera, ou ne ſera pas ſuivie. Pourquoi cela ? C'eſt le cœur humain. Que dix hommes mettent le pied ſur un retranchement, tout ce qui eſt derrière fuira, & les bataillons entiers l'abandonneront. Qu'ils y voient entrer une troupe de cavalerie à une demie lieue d'eux, tout ſe mettra à fuir.

Lorſque l'on eſt obligé de défendre des retranchemens, il faut bien ſe garder de mettre les bataillons tout contre le parapet ; parceque, ſi l'ennemi met une fois le pied deſſus, ce qui ſe trouve derrière ſe ſauve. Cela vient de ce que la tête tourne toujours aux hommes, quand il leur arrive quelque choſe à quoi ils ne ſe ſont point attendus : cette règle eſt générale à la guerre, & décide de toutes les batailles & de toutes les affaires. C'eſt ce que j'appelle le cœur humain; & c'eſt ce qui m'a fait compoſer cet ouvrage. Je ne penſe pas que perſonne ſe ſoit encore aviſé d'y chercher la raiſon des mauvais ſuccès.

Quand donc vous mettez vos troupes derrière un parapet, elles eſpèrent, par leur feu, empêcher que l'ennemi paſſe le foſſé & y monte : ſi cela arrive malgré ce feu, les voilà perdus, la tête leur tourne, & ils fuient. Il vaudroit mieux y mettre un ſeul rang de gens armés, avec des armes de longueur; parceque ces hommes ſe propoſeroient de repouſſer à coups de piques, ou de pertuiſanes, ceux qui grimpent le retranchement & veulent monter ſur le parapet. Et certainement ils exécuteront leur projet, parcequ'ils ſe le ſont propoſé, & qu'ils attendront là l'ennemi. Si avec cela vous mettez des troupes d'infanterie, formée par centurie à ma méthode, à trente pas du retranchement, ces troupes verront qu'elles ſont placées ainſi pour charger l'ennemi à meſure qu'il entre & qu'il veut ſe former; elles ne ſeront point étonnées de le voir entrer, parcequ'elles s'y attendent,

& elles le chargeront vigoureufement : au lieu que , fi elles avoient été placées tout contre le retranchement, elles fe feroient enfuies. Voilà comme un rien change tout à la guerre, & les foibles mortels ne fe mènent que par l'opinion.

A cela, il faut ajouter la misère de notre manière de nous former pour défendre les retranchemens. Nous mettons un bataillon à quatre de hauteur, que nous plaçons contre les retranchemens. Ainfi il n'y a que le premier rang qui peut tirer avec quelque fuccès, parcequ'il eft fur la banquette. Si l'on fait monter les autres rangs à mefure que le premier aura tiré, les coups ne porteront pas, parceque les foldats fe prefferont, & que leur vue n'aura été fixée fur aucun objet. Outre cela, cette manœuvre met les bataillons en confufion ; & l'ennemi vous trouve dans cette confufion, lorfqu'il arrive fur le parapet : &, fi vous ne faites point monter ces rangs fur les banquettes, ils vous font totalement inutiles. Avec cela, vous n'avez point d'armes de longueur, pour repouffer l'ennemi du haut du parapet en bas, à mefure qu'il s'y montre, & vous ne fçauriez l'atteindre avec vos fufils armés de baïonnettes. Vos foldats remuent donc fans cesse dans le bataillon ; ou plutôt, tout votre bataillon remue en confusion, comme des fourmis dans une fourmillière. Chacun ne songe qu'à tirer : & à mesure que vos gens voient que l'ennemi monte sur le parapet, ils s'en éloignent. Je fais une autre disposition pour la défense des retranchemens.

Je mets une centurie tout le long du parapet en deux rangs*, c'est-à-dire, les deux rangs armés de fusils sur la banquette, & les deux rangs armés de piques au pied de la banquette, avec les officiers, sergens & caporaux, ce qui compose quatre-vingt-dix hommes : ensuite, je fais doubler le premier rang qui est sur la banquette par les armés à la légère. Ainsi il se trouve cent hommes environ au premier rang, & cinquante au second, sans les officiers : & comme j'élève mon parapet de six pieds au-dessus de l'horison, le second rang est totalement à couvert ; & l'ennemi, qui ordinairement se met sur la berme pour tirer par-dessus le parapet, ne sçauroit se servir de cet avantage : il est donc obligé de monter le parapet. Alors mon second rang, armé de piques, est en état d'agir avec un très-

* Planches XXI & XXII.

Tom. II.
Echelle de 100 toises.
10 20 30 40 50 60 70 80 90 100
Manie

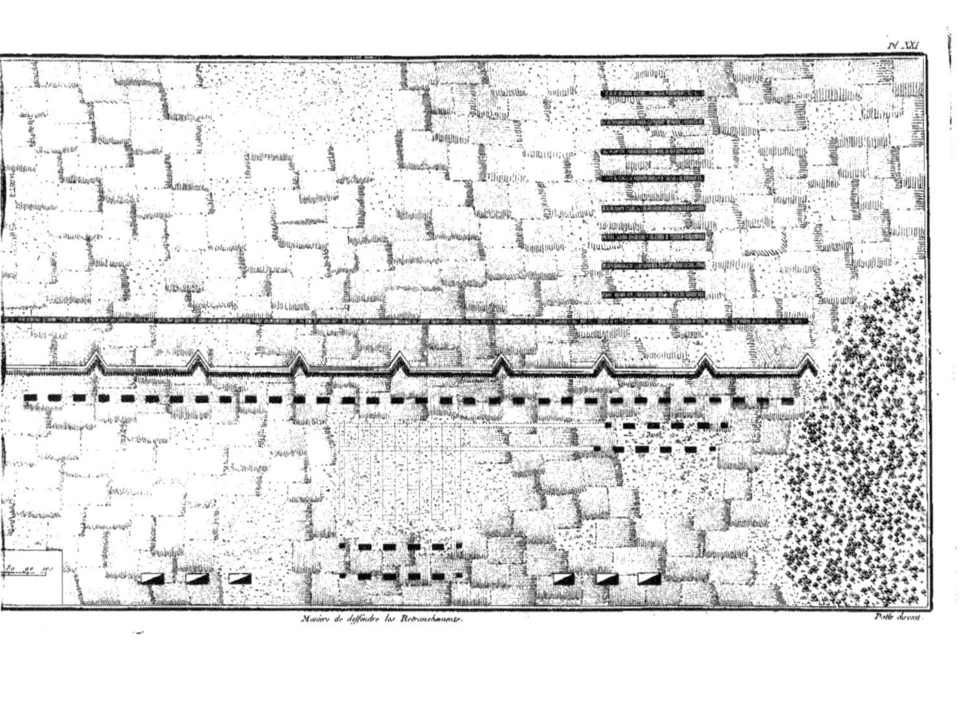

N.° XXI.
Manière de deffendre les Retranchemens.
Patte direxit

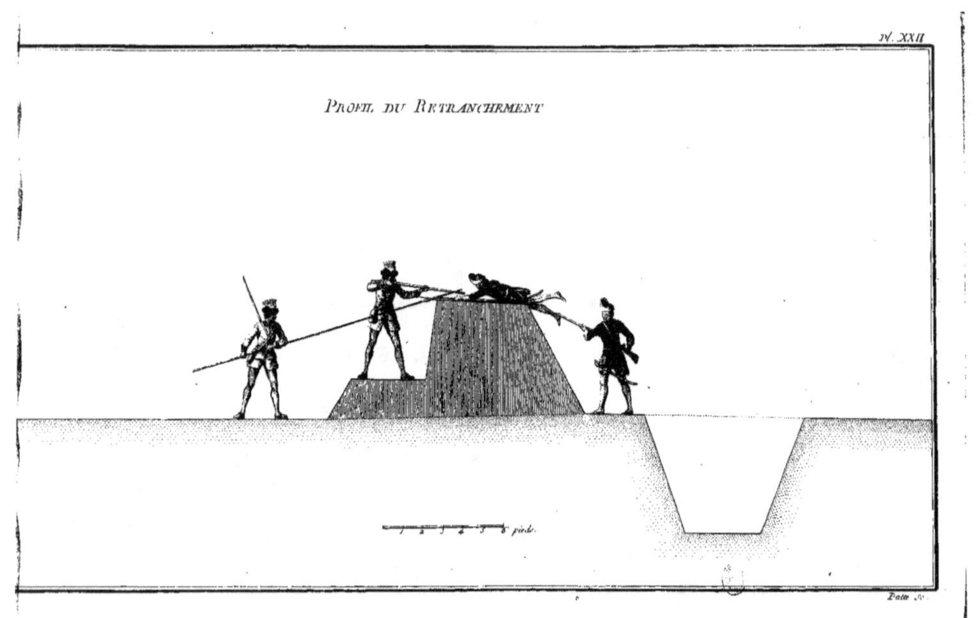

PROFIL DU RETRANCHMENT
pieds.
Patte Sc.

grand avantage. Il n'y a qu'à regarder le deffein , pour voir à quoi eſt expoſé l'ennemi ,
lorſqu'il veut monter ſur le parapet. Outre cela ,
les officiers , ſergens & caporaux, qui ſont au
ſecond rang , avec leurs armes de longueur ,
font attention aux mouvemens des ſoldats ; ils
peuvent allonger des coups de pointe du pied
de la banquette ſur le parapet, & animer les
ſoldats : car il ſe trouve toujours , derrière cinq
hommes, un officier , ſergent ou caporal. Mais
il faut bien imprimer aux ſoldats qu'ils ne doivent point croire que ce feu arrêtera l'ennemi,
& que le haut du parapet eſt le lieu où ils doivent combattre, pour qu'ils ne ſoient point effrayés de le voir ſe jetter dans le foſſé : car il
aura pris une ferme réſolution d'eſſuyer ce feu,
& il l'eſſuira ; vous devez vous y attendre.

Si l'ennemi s'aviſe de vouloir occuper la berme du retranchement, comme cela arrive ſouvent, pour vous chaſſer de la banquette, vous
pouvez l'atteindre avec vos armes de longueur ,
& le jetter homme par homme dans le foſſé, à
meſure qu'il ſe découvre ; & ſi l'ennemi entre
enfin, & veut commencer à ſe former, vous le
chargez en détail par centurie. Ces centuries ne

feront pas étonnées de le voir entrer, parcequ’elles s’y attendent ; & le chargeront vigoureufement, parcequ’elles fe le feront propofé.

Voilà ce qui regarde la défenfe des retranchemens. Quant à la grande manœuvre, l’on doit toujours avoir différentes réferves, pour les porter dans les endroits où l’on voit que l’ennemi porte le plus de troupes ; ce qui n’eft pas toujours aifé ; car, s’il eft habile, vous n’y verrez rien. Il faut donc placer ces réferves le plus à portée, & le plus avantageufement qu’on le pourra ; ce que le terrein doit décider, tant dehors que dedans les retranchemens. Car vous ne devez pas craindre qu’il vous attaque dans des endroits où le terrein eft uni à une grande diftance, parcequ’il ne voudra pas faire voir le gros de fes troupes. Dans ces endroits-là, il ne fera qu’à un bataillon de hauteur : mais, s’il y a une colline, un vallon, ou la moindre chofe par où il puiffe venir à couvert, c’eft là où il fera tout fon effort, parcequ’il efpérera que vous ne verrez pas fa manœuvre & la quantité de troupes qu’il y porte.

Si vous pouvez pratiquer des paffages dans votre retranchement, & que vous faffiez fortir

à propos

à propos une troupe ou deux, c'eſt-à-dire dans le moment que la tête de quelqu'une de ces colonnes ſoit arrivée ſur le bord du foſſé, elle s'arrêtera infailliblement, quand même elle auroit forcé le retranchement, & qu'il y en auroit déjà une partie d'entrée, parceque cette colonne n'a pas compté là-deſſus : elle craindra pour ſes flancs, pour ſes derrières; & il y a apparence même qu'elle s'enfuira, ſans ſçavoir pourquoi. Voici deux exemples qui autoriſent mes idées.

Au ſiége d'Amiens par les Gaulois, Céſar, voulant ſecourir cette ville, ſe rendit, avec ſon armée qui n'étoit que de ſept mille hommes ſeulement, le long d'un ruiſſeau où il ſe retrancha à ſon arrivée avec tant de précipitation, que les barbares, perſuadés que Céſar les craignoit, attaquèrent ſes retranchemens que le général des Romains ne ſongeoit point à défendre : au contraire, dans le temps que les Gaulois travailloient à combler les foſſés & à s'emparer du rempart, il ſortit avec ſes cohortes, & les ſurprit tellement qu'ils prirent la fuite, ſans qu'un ſeul ſe mît en défenſe.

Au ſiége d'Alexia par les Romains, les Gaulois, infiniment fupérieurs, vinrent les attaquer dans leurs lignes. Céfar ordonna aux affiégeans d'en fortir, au lieu de les défendre, & de fe jetter fur l'ennemi d'un côté, pendant qu'il l'attaqueroit de l'autre; ce qui réuffit encore avec tant de fuccès, que les barbares y firent une perte confidérable de leurs gens, fans compter plus de vingt mille hommes pris avec leur général.

Si l'on veut confidérer la manière dont je range mes troupes *, on concevra aifément qu'elles doivent fe remuer avec plus de facilité que les bataillons; & que l'on peut plus facilement faire charger par détail, que lorfque l'on eft formé en bataillon. Car cet ordre de combattre eft beaucoup plus fort que tous les autres, & n'eft fujet à aucune confufion; ce qui n'eft pas de même en fe formant par bataillons. A quoi peuvent fervir plufieurs bataillons fur quatre de hauteur, les uns devant les autres? ils font lourds à remuer; tout les embarraffe, le terrein, le doublement, le flottement; & fi le premier eft renverfé, il culbute fur le fecond, & le met en défordre. Mais, pofons qu'ils ne fe rompent

* Planche XXIII.

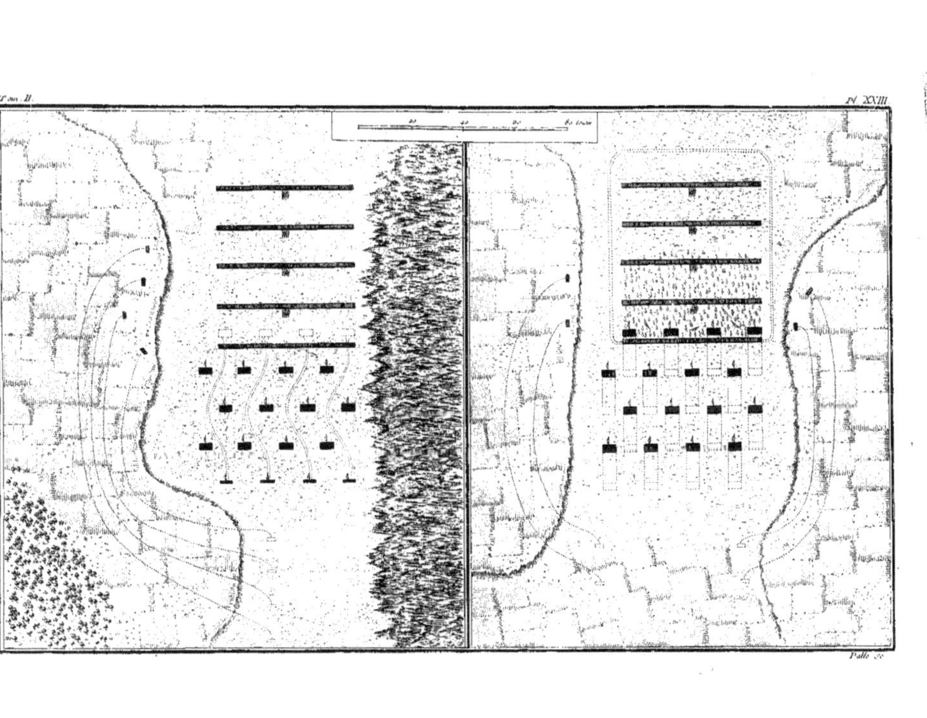

Tom. II.
Pl. XXIII.
Pallas sc.

pas, il faudra toujours au fecond bataillon un long efpace de temps avant qu'il puiffe attaquer, parcequ'il faut que celui qui a été rompu fe foit rangé, ce qui eft long : car il faut qu'il s'étende contre l'ennemi & le bataillon qui foutient celui-là ; &, fi l'ennemi n'a la bonté de fe tenir les bras croifés, il vous renverfera certainement ce bataillon fur l'autre, & celui-là fur un troifième. Ainfi, lorfqu'il aura renverfé le premier, il n'a qu'à pouffer brufquement en avant ; & fuffent-ils trente, ils les renverfera tous, & les autres ne lui coûteront plus rien. Voilà ce qu'on appelle cependant attaquer en colonne : quelle mifère ! Mon ordonnance eft bien différente : car que le premier bataillon foit renverfé, celui qui le fuit charge dans l'inftant, cela va coup fur coup ; je fuis à huit de hauteur, & n'ai aucun embarras à craindre ; mon choc eft rude & ma marche rapide ; je ne crains point la confufion, & je déborde toujours l'ennemi, quoiqu'en même nombre. Les bataillons ennemis ne peuvent remédier à ce défaut, parcequ'ils ne fçauroient s'étendre. C'eft, en vérité, une mifère que l'ordre fur lequel nous combattons ; & je ne conçois pas à quoi les généraux ont penfé de ne l'avoir·pas changé.

Ce que je propofe n'eft point une nouveauté, c'eft l'ordre des Romains ; avec cet ordre, ils ont vaincu toutes les nations du monde. Les Grecs étoient très-habiles dans l'art de la guerre, & très-bien difciplinés : leur grande phalange n'a jamais pu tenir contre ces petites troupes formées à la romaine, difpofées en échiquier. Auffi Polybe donne-t-il la préférence à l'ordre des Romains. Que feroient donc nos bataillons, qui n'ont ni corps ni ame, contre ce même ordre? Que l'on place ces centuries de quelque manière que l'on voudra, dans la plaine, dans des pays coupés; qu'on les faffe fortir d'une gorge & de quelques endroits que ce foit; & que l'on voie avec quelle célérité elles fe rangeront. On peut les faire courir à toutes jambes pour s'emparer d'un défilé, d'une haie, d'une hauteur; dans l'inftant que les drapeaux feront arrivés, elles feront allignées & formées : c'eft ce qui eft impoffible avec des bataillons. Car, pour fe mettre comme il faut, ils ont befoin d'un terrein fait exprès, & d'un temps confidérable pour faire plufieurs mouvemens; & tout cela fait pitié

à voir, & m'a souvènt donné le cochemar.
Les desseins donneront une idée plus complette de ce que je pense là-dessus.

CHAPITRE DIXIEME.

DE LA PHALANGE DES GRECS , ET DE L'OR-
DRE DE COMBATTRE DES ROMAINS. FRAG-
MENT DE POLYBE A CE SUJET.

JE n'avois point lu Polybe dans son entier, lorsqu'en 1732 j'ai écrit cet ouvrage sur la guerre; & ce n'est que cette année 1740, que je l'ai achevé. Voici ce que j'y ai trouvé sur la phalange des Grecs & sur l'ordre de combattre des Romains. Je suis flatté d'avoir pensé comme lui, qui étoit contemporain de Scipion, d'Annibal & de Philippe; & qui, pendant le cours des guerres de ces grands hommes, s'est trouvé dans les différentes armées, & y a eu plusieurs années des commandemens distingués. Un auteur si illustre ne peut que justifier mes idées : je laisse à ceux qui liront cet ouvrage à juger si j'ai pensé comme lui. C'est Polybe qui parle ;

» Dans mon sixième livre, j'ai promis de «
saisir la première occasion qui se présenteroit de «
comparer ensemble les armes des Macédoniens «
& des Romains, l'ordre de bataille des uns & «
des autres, & de marquer en quoi l'un est su- «
périeur ou inférieur à l'autre. L'action que je «
viens de raconter me l'offre, cette occasion; il «
faut que je tienne ma parole.   «

Autrefois l'ordonnance des Macédoniens sur- «
passoit celle des Asiatiques & des Grecs : c'est «
un fait que les victoires qu'elle a produites ne «
nous permettent pas de révoquer en doute. Et «
il n'étoit pas d'ordonnance, en Afrique & en «
Europe, qui ne le cédât à celle des Romains. «
Aujourd'hui que ces différens ordres de bataille «
se sont souvent trouvé opposés les uns aux au- «
tres , il est bon de rechercher en quoi ils diffè- «
rent, & pourquoi l'avantage est du côté des Ro- «
mains. Apparemment que, quand on sera bien «
instruit sur cette matière, on ne s'avisera plus «
de rapporter le succès des événemens à la for- «
tune; & qu'on ne louera pas les vainqueurs sans «
connoissance de cause, comme ont coutume de «
faire les personnes non éclairées; mais qu'on s'ac- «
coutumera enfin à les louer par principe & par «
raison.   «

» Je ne crois pas devoir avertir qu'il ne faut
» pas juger de ces deux manières de ſe ranger par
» les combats qu'Annibal a livrés au Romains,
» & par les victoires qu'il a gagnées ſur eux. Ce
» n'eſt ni par la façon de s'armer, ni par celle
» de ſe ranger, qu'Annibal a vaincu; c'eſt par ſes
» ruſes & par ſa dextérité. Nous l'avons fait voir
» clairement dans le récit que nous avons donné
» de ſes combats: ſi l'on en veut d'autres preuves,
» que l'on jette les yeux ſur le ſuccès de la guerre.
» Dès que les troupes romaines eurent à leur tête
» un général d'égale force, elles furent victorieu-
» ſes. Qu'on en croie Annibal, Annibal lui-même,
» qui, auſſi-tôt après la première bataille, aban-
» donna l'armure carthaginoiſe ; & qui, ayant
» fait prendre à ſes troupes celle des Romains, n'a
» jamais diſcontinué de s'en ſervir. Pyrrhus fit
» encore plus; car il ne ſe contenta pas de prendre
» les armures, il employa les troupes mêmes d'I-
» talie. Dans les combats qu'il donna aux Ro-
» mains, il rangeoit alternativement une de leurs
» compagnies & une cohorte en forme de pha-
» lange : encore ce mélange ne lui ſervit-il de rien
» pour vaincre; tous les avantages qu'il a rem-
» portés ont toujours été très-équivoques. Il étoit

néceſſaire

nécessaire que je prévinsse ainsi mes lecteurs, «
afin qu'il ne se présente rien à leur esprit qui «
paroisse peu conforme à ce que je dois dire dans «
la suite. Je viens donc à la comparaison des deux «
différens ordres de bataille.   «

    C'est une chose constante, & qui peut se jus- «
tifier par mille endroits, que, tant que la pha- «
lange se maintient dans son état propre & natu- «
rel, rien ne peut y résister de front, ni soute- «
nir la violence de son choc. Dans cette ordon- «
nance, on donne aux soldats en armes trois «
pieds de terrein. La sarisse étoit longue de seize «
coudées : depuis elle a été accourcie de deux, «
pour la rendre plus commode ; & après ce re- «
tranchement, il reste, depuis l'endroit où le sol- «
dat la tient, jusqu'au bout qui passe derrière lui «
& qui sert comme de contrepoids à l'autre bout, «
quatre coudées : & par conséquent, si la sarisse «
est poussée des deux mains contre l'ennemi, «
elle s'étend dix coudées devant le soldat qui la «
pousse. Ainsi, quand la phalange est dans son «
état propre, & que le soldat qui est à côté, ou «
par derrière, joint son voisin autant qu'il le doit, «
les sarisses du second, troisième & quatrième «
rangs s'avancent au-delà du premier, plus que «

» celles du cinquième, qui n'ont au-delà de ce
» premier rang que deux coudées. Or, comme la
» plalange eſt rangée ſur ſeize de profondeur, on
» peut aiſément ſe figurer quel eſt le choc, le
» poids & la force de cette ordonnance. Il eſt
» vrai cependant qu'au-delà du cinquième rang,
» les ſariſſes ne ſont d'aucun uſage pour le com-
» bat : auſſi ne les allonge-t-on pas en avant ; mais
» on les appuie ſur les épaules du rang précédent,
» la pointe en haut, afin que preſſées elles rom-
» pent l'impétuoſité des traits qui paſſent au-delà
» des premiers rangs, & pourroient tomber ſur
» ceux qui les ſuivent. Ces rangs poſtérieurs &
» reculés ont cependant leur utilité ; car, en mar-
» chant à l'ennemi, ils pouſſent & preſſent ceux
» qui les précèdent, & ôtent à ceux qui ſont de-
» vant eux tout moyen de retourner en arrière.
» On a vu la diſpoſition tant du corps entier que
» des parties de la phalange. Voyons maintenant
» ce qui eſt propre de l'armure & de l'ordonnance
» des Romains, pour en faire la comparaiſon avec
» celle des Macédoniens.
»   Le ſoldat romain n'occupe non plus que trois
» pieds de terrein : mais comme, pour ſe couvrir
» de leurs boucliers & frapper d'eſtoc & de taille,

ils font dans la néceffité de fe donner quelque «
mouvement , il faut qu'entre chaque légio- «
naire, foit à côté ou par derrière, il refte au «
moins trois pieds d'intervalle, fi l'on veut qu'il «
fe remue commodément.   «

Chaque foldat romain combattant contre une «
phalange, a donc deux hommes & dix fariffes à «
forcer : Or, quand on en vient aux mains, il ne «
les peut forcer, ni en coupant, ni en rompant; «
& les rangs qui le fuivent ne lui font pour cela «
d'aucun fecours. La violence du choc lui feroit «
également inutile, & fon épée ne feroit nul «
effet.   «

J'ai donc eu raifon de dire que la phalange, «
tant qu'elle fe conferve dans fon état propre & «
naturel, eft invincible de front, & que nul au- «
tre ordonnance n'en peut foutenir l'effort. D'où «
vient donc que les Romains font victorieux ? «
Pourquoi la phalange eft-elle vaincue? C'eft que, «
dans la guerre , le tems & le lieu des combats «
fe varient en une infinité de manières, & que «
la phalange n'eft propre que dans un tems «
& d'une feule façon. Quand il s'agit d'une «
action décifive, fi l'ennemi eft forcé d'avoir af- «
faire à la phalange dans un tems ou dans un «

P ij

» terrein qui lui foient convénables, nous l'avons
» déjà dit, il y a toute forte d'apparence que tout
» l'avantage fera du côté de la phalange : mais fi
» l'on peut éviter l'un & l'autre, comme il eft aifé
» de le faire, qu'y a-t-il de fi redoutable dans
» cette ordonnance? Que, pour tirer partie d'une
» phalange, il foit néceffaire de lui trouver un
» terrein plat, découvert, uni, fans foffés, fans
» fondrières, fans gorges, fans éminences, fans
» rivières, c'eft une chofe avouée de tout le mon-
» de. D'un autre côté, l'on ne difconvient pas qu'il
» eft impoffible, ou du moins très-rare, de rencon-
» trer un terrein de vingt ftades ou plus, qui n'of-
» fre quelqu'un de ces obftacles. Quel ufage fe-
» rez-vous de votre phalange, fi votre ennemi,
» au lieu de venir à vous dans cet heureux terrein,
» fe répand dans le pays, ravage les villes, & fait
» le dégât dans les terres de vos alliés? Ce corps
» reftant dans le pofte qui lui eft avantageux,
» non feulement ne fera d'aucun fecours à vos
» amis, il ne pourra fe conferver lui-même.
» L'ennemi, maître de la campagne, fans trou-
» ver perfonne qui lui réfifte, lui enlèvera fes con-
» vois, de quelqu'endroit qu'ils viennent. S'il quitte
» fon pofte pour entreprendre quelque chofe,

ſes forces lui manquent, & il devient le jouet «
de ſes ennemis. Accordons encore qu'on ira «
l'attaquer ſur ſon terrein : mais ſi l'ennemi ne «
préſente pas à la phalange toute ſon armée en «
même tems, & qu'au moment du combat il l'é- «
vite en ſe retirant, qu'arrivera-t-il de votre or- «
donnance? Il eſt facile d'en juger, par la manœu- «
vre que font aujourd'hui les Romains. Car nous «
ne nous fondons pas ici ſur de ſimples raiſon- «
nemens, mais ſur des faits qui ſont encore tout «
récens. Les Romains n'emploient pas toutes leurs «
troupes pour faire un front égal à celui de la «
phalange; mais ils en mettent une partie en ré- «
ſerve, & n'oppoſent que l'autre aux ennemis. «
Alors, ſoit que la phalange rompe la ligne qu'elle «
a en tête, ou qu'elle ſoit elle-même enfoncée, «
elle ſort de la diſpoſition qui lui eſt propre; «
qu'elle pourſuive des fuyards, ou qu'elle fuie «
devant ceux qui la preſſent, elle perd toute ſa «
force : car, dans l'un & l'autre cas, il ſe fait des «
intervalles, que la réſerve ſaiſit pour attaquer, «
non de front, mais en flanc & par les derrières.   «

En général, puiſqu'il eſt facile d'éviter le tems «
& toutes les autres circonſtances qui donnent «
l'avantage à la phalange, & qu'il ne lui eſt pas «

» poſſible d'éviter toutes celles qui lui ſont con-
» traires, n'en eſt-ce pas aſſez pour nous faire con-
» cevoir combien cette ordonnance eſt au-deſſous
» de celle des Romains? Ajoutons que ceux qui
» rangent en phalange ſe trouvent dans le cas de
» marcher par toutes ſortes d'endroits, de cam-
» per, de s'emparer des poſtes avantageux, d'aſ-
» ſiéger, d'être aſſiégés, de tomber ſur la marche
» des ennemis, lorſqu'ils ne s'y attendent pas; car
» tous ces accidens font partie d'une guerre; ſou-
» vent la victoire en dépend, quelquefois du moins
» ils y contribuent beaucoup. Or, dans toutes ces
» occaſions, il eſt difficile d'employer la phalange,
» ou on l'emploieroit inutilement, parcequ'elle ne
» peut alors combattre ni par cohorte, ni d'hom-
» me à homme; au lieu que l'ordonnance ro-
» maine, dans ces rencontres même, ne ſouffre au-
» cun embarras. Tout lieu, tout tems lui con-
» vient; l'ennemi ne la ſurprend jamais, de quel-
» que part qu'il ſe préſente : le ſoldat romain eſt
» toujours prêt à combattre, ſoit avec l'armée en-
» tière, ſoit avec quelqu'une de ſes parties, ſoit par
» compagnie, ſoit d'homme à homme.
»   Avec un ordre de bataille dont toutes les par-
» ties agiſſent avec tant de facilité, doit-on être ſur-

pris que les Romains, pour l'ordinaire, viennent «
plus aifément à bout de leurs entreprifes que «
ceux qui combattent dans un autre? Au refte, «
je me fuis cru obligé de traiter au long cette ma- «
tière, parcequ'aujourd'hui la plupart des Grecs «
s'imaginent que c'eft une efpèce de prodige que «
les Macédoniens aient été défaits; & que d'autres «
font encore à fçavoir comment & pourquoi l'or- «
donnance romaine eft fupérieure à la phalange. «

CHAPITRE ONZIEME.

DE L'ATTAQUE DES RETRANCHEMENS.

LORSQUE l'on veut attaquer un retranchement *, il faut toujours tâcher de s'étendre le
plus que l'on peut, pour donner de la jalousie
par-tout à l'ennemi, afin qu'il ne dégarnisse aucun
endroit; ce qui l'empêche de porter des troupes
dans ceux que l'on veut attaquer, quand même il
le verroit; & ce sont autant de troupes inutiles.
Alors, tous les bataillons qui sont pour faire
montre doivent être à quatre de hauteur, &
marcher en ligne; tout le reste de la manœuvre
doit se faire derrière ceux-là : & c'est ce qui
s'appelle masquer l'attaque. Cette partie de l'art
militaire dépend de l'imagination ; un général
peut broder là-dessus tant qu'il lui plaît : tout
est bon; car la certitude où il est de n'être point
attaqué lui permet de faire ce qu'il juge à propos; & il peut profiter de tous les ravins, de

* Planche XXIV.

tous

tous les vallons, de toutes les haies, & de mille autres chofes: tout lui réuffira.

Si l'on charge par centurie, l'on n'a point de confufion à craindre; & chaque centurion fe fera une affaire particulière de l'honneur de fon drapeau : & il eft impoffible que, dans le nombre, il n'y ait des hommes qui cherchent à facrifier leur vie pour fe diftinguer, parceque cela fe voit par les drapeaux qui, felon mon fyftême, font reconnoiffables & remarquables chacun en particulier.

En rapprochant du retranchement, l'on doit envoyer devant des armés à la légère , pour attirer le feu ; l'on doit les foutenir par d'autres en troupes. Enfin , lorfque l'on voit la tiraillerie embarquée, les centuries doivent arriver & donner de furie. Si elles font repouffées, les autres leur doivent fuccéder, avant que celles-ci aient eu le tems de fuir : & la force & le nombre furmontent les obftacles. Dans le même tems, les centuries à quatre de hauteur doivent arriver, fi vous êtes entré par plufieurs endroits à la fois. Les bataillons ennemis, qui font entre deux & qui voient avancer la ligne, s'enfuient ; & cetteligne fe met fur le parapet.

TOME II.   Q

Enfuite l'on fe forme; & l'ennemi, pendant ce temps-là, fe retire, parcequ'il s'imagine avoir fait tout ce qu'il a pu faire. Le deffein, planche XXIV, fera voir mon idée.

Il y a encore une autre manière d'attaquer des retranchemens * toute différente de celle-là, & qui eft bien auffi bonne; mais il faut que le terrein le permette, & il faut le connoître parfaitement, ce terrein. Lorfqu'il y a des ravins, ou des fonds proche du retranchement où l'on peut faire couler des troupes pendant la marche, fans que l'ennemi s'en apperçoive, alors on marche à lui par plufieurs colonnes à grande diftance l'une de l'autre : alors il attache toute fon attention fur ces colonnes, difpofe fes troupes, & dégarnit fon retranchement. Lors donc que ces colonnes attaquent, tout court à ces attaques; puis tout d'un coup les corps qui fe font tenus couverts paroiffent, & donnent dans les parties abandonnées du retranchement. Ceux qui s'oppofent aux attaques des colonnes, voyant cela, fe déconcertent; la tête leur tourne, parcequ'ils ne fe font point attendus à cet événement. Ils quittent donc ces attaques, fous le pré-

* Planche XXIV.

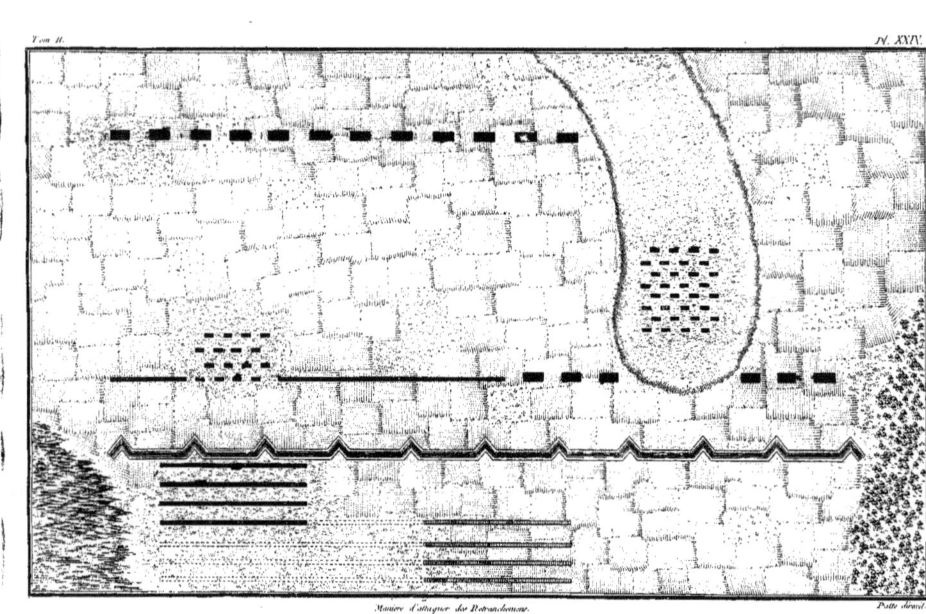

Manière d'attaquer des Retranchemens.

texte de courir à la défenſe du retranchement, &
en effet par la peur qui les faiſit ; & l'on entre
à la fois dans le retranchement aux fauſſes & aux
véritables attaques. Le deſſein, planche XXIV,
en pourra donner une idée.

La défenſe des retranchemens me paroît, de
toutes les parties de la guerre, la plus difficile : &
quoique j'aie dit ce qui me paroît de mieux à
faire, & qu'il me ſemble que ce ſoit, de toutes les manières de défendre des retranchemens,
la meilleure, cependant je n'en fais pas grand
cas; & tant qu'il dépendra de moi, je ne ſerai
point d'avis qu'on en faſſe. Les redoutes ſont mes
favoris, & il faut que j'en parle encore.

CHAPITRE DOUZIEME.

DES REDOUTES.

IL me reste à justifier, par des faits, la bonté de mon opinion sur les redoutes.

Avant la bataille de Pultowa, les armées de Charles XII roi de Suède avoient toujours été victorieuses. La supériorité qu'elles avoient sur celles des Moscovites est presqu'incroyable : l'on a vu souvent dix à douze mille Suédois forcer des retranchemens gardés par cinquante, soixante & quatre-vingt mille Moscovites, les défaire & les tailler en pièces. Les Suédois ne s'informoient jamais du nombre des Russes, mais seulement du lieu où ils étoient.

Le czar Pierre, le plus grand homme de son siécle, résista, avec une patience égale à la grandeur de son génie, aux mauvais succès de cette guerre, & ne cessoit de donner des combats pour aguerrir ses troupes.

Dans le cours de ses adversités, le roi de Suède mit le siége devant Pultowa. Le czar tint un conseil de guerre où les avis furent partagés. Les uns vouloient qu'on investît le roi de Suède avec l'armée moscovite, qu'on fit un grand retranchement, pour l'obliger à se rendre. D'autres généraux vouloient qu'on brûlât tout le pays à cent lieues à la ronde, pour affamer le roi de Suède & son armée : cet avis n'étoit pas, selon moi, le moins bon, & le czar y inclinoit. D'autres généraux dirent que l'on étoit toujours à tems d'en venir à cet expédient, mais qu'il falloit encore hasarder une bataille ; parceque Pultowa & sa garnison courroient risque d'être emportés par l'opiniâtreté du roi de Suède, qui y trouveroit un grand magasin, & de quoi subsister pour passer le desert que l'on prétendoit faire à l'entour de lui.

On s'arrêta à cette résolution. Alors le czar ayant pris la parole, dit : *Puisque nous nous déterminons à combattre le roi de Suède, il faut convenir de la manière, & choisir la meilleure. Les Suédois sont impétueux, bien disciplinés, bien exercés & adroits ; nos troupes ne manquent pas de fermeté, mais elles n'ont pas ces avantages :*

*il faut donc s'appliquer à rendre ceux des Sué-
dois inutiles. Ils ont souvent forcé nos retranchemens ; & en rase campagne, nos troupes ont
toujours été défaites, par l'art & la facilité avec
lesquels ils manœuvrent. : il faut donc rompre
cette manœuvre, & la rendre inutile. Pour cela,
je suis d'avis de m'approcher du roi de Suède ;
de faire élever, tout du long du front de notre infanterie, plusieurs redoutes dont les fossés seront
profonds, les garnir d'infanterie, les faire fraiser
& palissader : cela ne demande que quelques heures de travail, & nous attendrons l'ennemi derrière ces redoutes. Il faudra qu'il se rompe pour
les attaquer ; il y perdra du monde, & sera af-
foibli & en désordre lorsqu'il nous attaquera. Car
il n'est pas douteux qu'il ne lève le siége, & ne
vienne nous attaquer, dès qu'il nous verra à
portée de lui. Il faut donc marcher de manière que
nous arrivions vers la fin du jour en sa présence,
pour qu'il remette au lendemain à nous attaquer ;
& pendant la nuit nous élèverons ces redoutes.*

Ainsi parla le souverain des Russes, & tout
le conseil approuva cette disposition. On donna
les ordres pour la marche, pour les outils, le
canon, les fascines , les chevaux de frise, les

paliffades, &c. Le 8 du mois de juillet de l'année 1709, le czar arriva, vers la fin du jour, en
préfence du roi de Suède.

Le roi de Suède, quoique bleffé, déclara à
fes généraux qu'il vouloit attaquer le lendemain l'armée mofcovite. On fit des difpofitions,
on fe rangea, & l'on fe mit en marche un peu
avant le jour.

Le czar avoit établi fept redoutes tout du
long du front de fon infanterie; elles étoient
conftruites avec foin; il y avoit deux bataillons
dans chacune : elles étoient munies de toutes
les chofes néceffaires à leur défenfe ; & toute
l'infanterie mofcovite étoit derrière, ayant fa
cavalerie fur les aîles. Il étoit donc impoffible
d'aller à l'infanterie mofcovite, fans prendre ces
redoutes, parcequ'on ne pouvoit les laiffer derrière foi, ni paffer entre deux, fans courrir rifque d'être abîmé par le feu qui en fortoit. Ni le
roi de Suède, ni fes généraux qui ne fçavoient
point cette difpofition , ne virent de quoi
il étoit queftion que lorfqu'ils eurent le nez
deffus : mais, comme la machine avoit été mife
en mouvement, il fut impoffible de l'arrêter &
de s'en dédire. Les deux aîles de la cavalerie

fuédoife renverfèrent d'abord celle des Mofcovites, & s'emportèrent trop loin après elle. Le
centre fut arrêté par ces redoutes. Les Suédois
les attaquèrent, & y trouvèrent une grande réfiftance.

Il n'y a point d'homme de guerre qui ne fça-
che que, pour emporter une bonne redoute, il
ne faille une difpofition entière, que l'on emploie plufieurs bataillons avec quinze ou vingt
compagnies de grenadiers, qu'on l'attaque de
plufieurs côtés tout à la fois, & que bien fouvent l'on s'y caffe le nez. Les Suédois en prirent cependant trois, & furent repouffés aux
autres avec grande perte. Il ne fe pouvoit faire
autrement que toute l'infanterie fuédoife ne fût
rompue en attaquant ces redoutes, pendant que
celle des Mofcovites, toute rangée & en ordre,
regardoit à deux cent pas ce fpectacle.

Le roi & les généraux fuédois virent le péril
où ils étoient; & l'inaction des Mofcovites leur
laiffa entrevoir l'efpérance de fe retirer. Il n'y
avoit pas moyen de le faire en ordre; car tout
étoit rompu, attaquoit inutilement, ou fe laiffoit
tuer. Se retirer, étoit le feul parti que l'on pût
prendre : on retira donc les troupes qui s'étoient
emparées

emparé des redoutes, & celles qui fe laiffoient abîmer auprès des autres.

Il n'y avoit pas moyen de les former à portée du feu qui en fortoit : ainfi le tout fe retira mêlé & rompu. Dans ces entrefaites , le czar fit appeller fes généraux, & leur demanda ce qu'il convenoit de faire. Monfieur Allart, l'un des moins anciens, fans donner le tems aux autres de dire leur avis, adreffant la parole à fon maître, lui dit : *Si votre majefté n'attaque pas les Suédois dans ce moment, il n'en fera plus tems après.* Sur le champ, toute la ligne s'ébranla & marcha en bon ordre, la pique haute, à travers les intervalles des redoutes, qu'on laiffa garnies, pour favorifer la retraite, en cas d'événement.

A peine les Suédois s'étoient-ils arrêtés pour fe former & pour fe remettre en ordre, qu'ils virent les Mofcovites fur leurs talons ; le défordre s'y mit, & la confufion fut générale : cependant ils ne fuyoient pas encore ; ils firent même un effort de valeur, & retournèrent comme pour charger. Mais l'ordre n'y étant pas, ce qui eft l'ame des batailles, ils furent diffipés fans réfiftance.

Les Moscovites, qui n'étoient pas accoutumés à vaincre, n'osèrent les suivre ; & les Suédois se retirèrent à vauderoute jusqu'au Boristhène, où ils furent tous faits prisonniers. Voilà comme l'on peut, par d'habiles dispositions, se rendre la fortune favorable.

Si cette disposition a fait vaincre les Moscovites, qui n'étoient point aguerris, & durant le cours de leurs adversités ; quel succès ne peut-on pas en espérer chez une nation brave & pleine de feu, & dont le propre est d'attaquer ? Car, quoique l'on soit sur la défensive dans cette disposition, l'on se conserve en plein l'avantage attaché à ceux qui attaquent ; parceque l'on fait charger l'ennemi avec des brigades que l'on fait avancer à mesure que l'ennemi attaque quelqu'une de ces redoutes.

Ce choc se renouvelle souvent, & toujours avec de nouvelles troupes ; elles en attendent l'ordre avec impatience, & le font vigoureusement, parcequ'elles sont vues & soutenues ; & sur-tout parcequ'elles ne craignent pas pour leur retraite. La terreur, qui s'empare quelquefois des armées, n'est point à craindre : & vous vous rendez, pour ainsi dire, le maître du moment

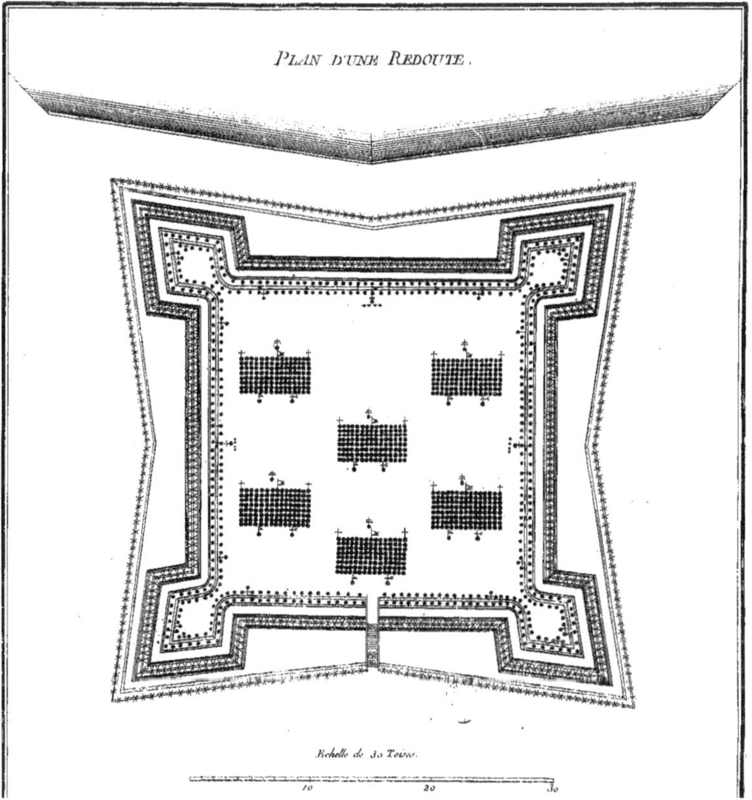
PLAN D'UNE REDOUTE.
Echelle de 30 Toises.
10
20
30

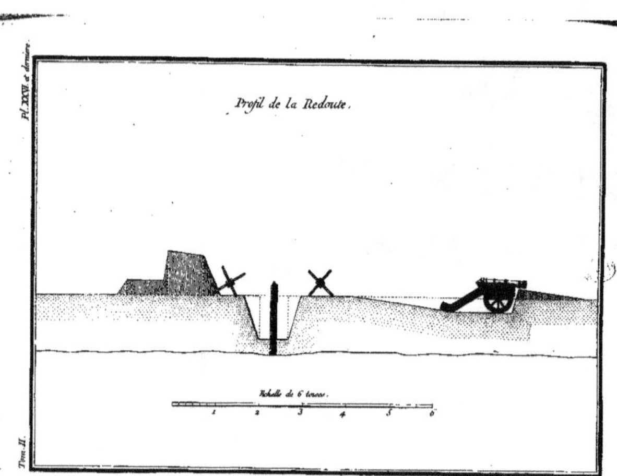
Profil de la Redoute.
Echelle de 6 toises.
1   2   3   4   5   6

favorable qui se trouve dans les batailles, je veux dire celui où l'ennemi se déconcerte. Quel avantage, quand on le peut attendre, ce moment, avec assurance !

Les Moscovites n'ont pas profité de tous ceux que cette disposition leur donnoit : car ils ont tranquillement laissé prendre trois de ces redoutes sous leur barbe, sans les secourir ; ce qui devoit décourager ceux qui défendoient les autres, intimider leurs troupes, & augmenter l'audace des Suédois. On peut donc dire, avec apparence de vérité, que cette disposition seule a vaincu les Suédois, sans que les troupes moscovites aient beaucoup contribué à la victoire.

Ces redoutes * sont d'autant plus avantageuses, qu'on les construit en peu de tems, & qu'elles sont propres à une infinité de situations, où une seule suffit pour arrêter toute une armée dans un terrein resserré ; pour empêcher qu'on ne vous trouble dans une marche critique ; pour appuyer une de vos aîles; pour partager un terrein en deux ; pour couvrir une de vos aîles; pour occuper un grand terrein, lorsqu'on n'a pas assez de troupes; pour

* Planches X X V´ & X X V I.

R ij

appuyer une aîle contre un bois, un marais, une rivière, &c. Alors on peut établir une redoute dans la plaine fur cette aîle, & elle remplit le vuide que l'on ne fçauroit occuper, pour des communications; car il n'y a pas d'apparence que l'ennemi paffe entre deux, fi elles font munies d'artillerie, quand elles feroient à deux mille pas l'une de l'autre. Le calcul qui fuit fera voir la quantité d'ouvriers qu'il y faut employer, & le tems dans lequel on peut les conftruire.

Le foffé de cette redoute contient foixante-douze toifes cubes. Un homme excave une toife de terre en dix heures; par conféquent foixante-douze hommes feront le foffé de la redoute en un jour. Si l'on en emploie deux cent quatrevingt-huit, on fera ce foffé en deux heures & demie. Il faut, outre cela, cent régaleurs pour battre les terres, placer les fafcines:

$$\text{Enfemble . . } 388^{\text{ homm.}}$$

Il faut trois mille fafcines d'une toife: un homme en fait fix en deux heures & demie: il faut, pour cet ouvrage, ... 500

$$\overline{888^{\text{ homm.}}}$$

Cy-contre, ...   888 homm.

Il faut neuf mille piquets; un homme en fait vingt-cinq dans deux heures & demie; ainfi il faut occuper à cet ouvrage, ...   360

Outre cela, il faut quatrevingt chevaux de frife, de deux toifes de long chacun. En prenant des poutres de bâtimens, deux hommes auront fcié & percé les trous pour un cheval de frife en deux heures & demie : ce qui fait, pour les quatrevingt, . . .   160

Pour faire les pointes de chaque cheval de frife, auffi deux hommes; ce qui fait, ...   160

Total, ...   1568 homm.

Ainfi une pareille redoute fera faite & parfaite en deux heures & demie de tems, avec quinze cent foixante-huit travailleurs : &, pour une de deux régimens, il faudra le double des travailleurs.

On peut metrre ces redoutes à cinq cent pas les unes des autres. On les peut flanquer, paliffader, fraifer, &c. & l'on trouve par-tout de quoi.

Ces redoutes ne s'emportent pas aifément l'é-
pée à la main, comme on a pu le voir, & l'ouvrage n'en eft pas grand. Car quatre bataillons
vont faire une redoute imprenable, dans une
nuit; la démolition d'un village fournira de refte
pour en fraifer & paliffader plufieurs. L'ennemi,
en les attaquant, fe met en défordre; & il n'o-
feroit paffer entre deux, ni les laiffer derrière lui:
Il faut donc les emporter, & les emporter toutes; fans quoi, il ne tient rien. Cela n'eft pas aifé
lorfqu'elles font foutenues par derrière. On envoie des troupes qui vous prennent en flanc pendant que vous attaquez. Cela inquiète : il faut
donc que la ligne avance pour foutenir fes détachemens. Cela ne fe fait point fans fe rompre
& fe brouiller. Le canon & les amufettes fouet-
tent toujours pendant ce tems-là. Enfin, quand
l'on voit les chofes dans cet état, on s'ébranle,
ce qui achève de faire perdre contenance.

Je veux que je fois repouffé, l'ennemi n'oferoit me fuivre, parceque ces redoutes ne font
pas prifes, & qu'on n'oferoit les laiffer derrière
foi. Je me rallie, & reviens à la charge, & tant
& tant, qu'il faut enfin qu'il fe retire. Je me propofe de me pofter ainfi, lorfque la fituation des

lieux m'invitera à le faire. Mais lorfque j'aurai à aller chercher l'ennemi, je le tournerai tant, & le côtoyerai fi longtems, qu'il fera bien quelques fautes. Alors, je l'attaquerai, & tâcherai de faire en forte que l'affaire ne puiffe être décifive pour moi, mais qu'elle le foit pour lui.

CHAPITRE TREIZIEME.

DES ESPIONS, ET DES GUIDES.

ON ne sçauroit faire trop d'attention aux espions & aux guides. Montécuculli dit qu'ils servent comme les yeux dans la tête, & qu'ils sont aussi nécessaires à un général. Il a raison : l'on ne sçauroit employer trop d'argent pour les avoir bons. Ces gens doivent être choisis dans le pays où l'on fait la guerre ; il faut les prendre intelligens, adroits & sages ; en disperser par-tout, chez les officiers, chez les généraux, chez les vivandiers, & sur-tout chez les pourvoyeurs des vivres ; parceque, par les approvisionnemens, les dépôts & les cuissons des pains, il est aisé de juger des desseins des ennemis.

Il faut que ces espions ne se connoissent point les uns les autres. Il en faut de plusieurs ordres ; les uns propres à se faufiler dans les compagnies ; d'autres courant l'armée pour acheter

ou

ou pour vendre : ceux-ci doivent connoître chacun un de leurs compagnons du premier ordre,
pour en recevoir ce qu'ils doivent aller porter
au général qui les paye. Il faut charger de ce détail quelqu'un qui foit fidèle & intelligent, s'en
faire rendre compte tous les jours, & être fûr
qu'il ne puiffe être corrompu.

CHAPITRE QUATORZIEME.

DES INDICES.

IL y a des indices à la guerre qu'il eſt néceſſaire d'étudier, & ſur leſquels on peut juger avec une eſpèce de certitude. La connoiſſance que l'on a de l'ennemi & de ſes uſages y contribue beaucoup; il y en a de communs à toutes les nations.

Par exemple, lorſque dans un ſiége vous voyez, vers le ſoir, à l'horiſon & ſur les hauteurs, des gens attroupés & déſœuvrés qui regardent vers la ville, vous devez être ſûr qu'il y aura une attaque conſidérable; parceque, dans les différens corps, il s'eſt fait des détachemens; ce qui fait que toute l'armée ſçait qu'il y aura une attaque, & que les déſœuvrés choiſiſſent les endroits éminens, vers la fin du jour, pour pouvoir regarder à leur aiſe.

Lorſque l'on entend tirer beaucoup dans le camp des ennemis, & que l'on eſt campé dans

le voisinage, on doit s'attendre à avoir le lendemain une affaire, parceque les soldats né-
toient & déchargent leurs armes. Lorsque l'on
est en présence sous les armes, & que l'on voit
les soldats changer de chemises, il est certain
que l'on va être attaqué, parcequ'ils mettent
toutes leurs chemises les unes sur les autres pour
ne les point perdre. On peut juger à plusieurs
lieues, par la poussière, s'il se fait un grand
mouvement dans l'armée ennemie; ce qui n'arrive jamais sans quelques raisons : la poussière
des fourageurs n'est pas la même que celle des
colonnes, mais il faut sçavoir s'y connoître.

On juge aussi, à la lueur des armes, quand il
fait soleil, de quel côté se fait le mouvement.
Si les rayons sont perpendiculaires, l'ennemi
vient à vous; s'ils sont variés & peu fréquens,
il se retire; s'ils vont de la droite à la gauche, il
marche vers sa gauche; s'ils sont, au contraire,
de la gauche à la droite, il marche vers sa
droite. S'il y a beaucoup de poussière dans son
camp, & que l'ennemi n'ait pas fait de fourage, & que cette poussière soit générale, il ren-
voie ses vivandiers & ses équipages; & vous
devez vous assurer qu'il marchera bientôt : cela

vous donne le tems de faire votre difpofition & de l'attaquer dans fa marche, parceque vous devez fçavoir s'il peut venir à vous, fi c'eft fon intention, & de quel côté il doit marcher : vous en jugez par fa pofition, fes approvifionnemens, fes dépôts, par le terrein, & enfin par toute fa contenance.

Quelquefois il a fes fours fur fa droite ou fur fa gauche. Si vous pouvez fçavoir le tems & la quantité de fa cuiffon, & qu'une petite rivière vous couvre, vous pouvez faire un mouvement de côté avec toute votre armée. S'il vous imite, comme quelquefois le cas le requiert & l'y oblige, vous revenez brufquement fur vos pas, & vous envoyez dix à douze mille hommes attaquer ces fours : vous les foutenez par toute votre armée qui arrive à mefure ; & l'expédition doit être faite avant qu'il ait pu y remédier, parceque vous avez toujours quelques heures fur lui, avant qu'il foit averti de votre mouvement : outre qu'il fe paffe encore un tems de l'avertiffement à la certitude qu'il voudra toujours avoir, avant que de s'ébranler, de manière qu'il recevra la nouvelle de l'attaque de fon dépôt, avant qu'il ait ordonné fon mouvement.

Il y a une infinité de pareilles rufes à la guerre
que l'on peut employer, fans trop fe commettre, & dont les fuites font d'une auffi grande conféquence que celles d'une victoire complette ; &
qui obligent quelquefois l'ennemi à venir vous
attaquer à fon défavantage, & par défefpoir, ou
à fe retirer honteufement, quoique fupérieur en
forces : & vous n'avez que peu ou point rifqué.

CHAPITRE QUINZIEME.

Du général d'armée.

JE me forme une idée du général d'armée qui n'eſt point chimérique : j'ai vu de tels hommes. La première de toutes les qualités eſt la VALEUR, ſans laquelle je fais peu de cas des autres, parcequ'elles deviennent inutiles. La ſeconde eſt l'ESPRIT ; il doit être courageux & fertile en expédiens. La troiſiéme eſt la SANTÉ.

Un général doit être doux, & n'avoir aucune eſpèce d'humeur ; ne ſçavoir ce que c'eſt que la haine ; punir ſans miſéricorde, & ſur-tout ceux qui lui ſont les plus chers, mais jamais ne ſe fâcher ; être toujours affligé de ſe voir dans la néceſſité de ſuivre à la rigueur les règles militaires, & avoir toujours devant les yeux l'exemple de Manlius ; s'ôter de l'idée que c'eſt lui qui punit, & ſe perſuader à ſoi-même & aux autres qu'il ne fait qu'adminiſtrer les loix militaires. Avec ces qualités, il ſe fait aimer ; il ſe fera craindre , & ſe fera ſans doute obéir.

Les parties du général ſont infinies : l'art de ſçavoir faire ſubſiſter une armée, de la ména-ger ; celui de ſe placer de façon qu'il ne puiſſe être obligé à combattre que lorſqu'il le veut ; de choiſir ſes poſtes ; de ranger ſes troupes d'u-ne infinité de manières ; de ſçavoir profiter du moment favorable qui ſe trouve dans les ba-tailles, & qui décide de leurs ſuccès. Toutes ces choſes ſont immenſes, & auſſi variées que les lieux & les hazards qui les produiſent.

Pour les voir, il faut qu'un général d'armée ne ſoit occupé de rien un jour d'affaire. L'exa-men des lieux & celui de ſon arrangement pour les troupes doit être prompt, comme le vol d'un aigle. Çela fait, ſa diſpoſition doit être courte & ſimple ; comme qui diroit, La première ligne attaquera, & la ſeconde ſoutiendra ; ou tel corps attaquera, ou tel ſoutiendra.

Il faut que les généraux qui ſont ſous lui ſoient gens bien bornés, s'ils ne ſçavent pas exé-cuter cet ordre, & faire la manœuvre qui con-vient, chacun à ſa diviſion. Ainſi le général ne doit pas s'en occuper, ni s'en embarraſſer : car s'il veut faire le ſergent de bataille, & être partout, il fera préciſément comme la mouche de la fable, qui croyoit faire marcher un coche.

Je veux donc qu'un jour d'affaire, le général d'armée ne faſſe rien. Il en verra mieux, ſe conſervera le jugement plus ſain, & ſera plus en état de profiter des ſituations où ſe trouve l'ennemi pendant la durée du combat; & quand il verra ſa belle, il doit baiſſer la main, ſe porter à toutes jambes dans l'endroit défectueux, prendre les premières troupes qu'il trouve à portée, les faire avancer rapidement, & payer de ſa perſonne : c'eſt ce qui gagne les batailles & les décide. Je ne dis point où, ni comment cela ſe doit faire, parceque la variété des lieux & celle des poſitions que le combat produit doivent le démontrer ; le tout eſt de le voir, & de ſçavoir en profiter.

Monſieur le prince Eugène poſſédoit dans le grand cette partie, qui eſt la plus ſublime du métier, & qui prouve le plus un grand génie. Je me ſuis fait une application d'étudier ce grand homme; &, ſur ce point, j'oſe croire que je l'ai pénétré.

Bien

Bien des généraux en chef ne font occupés un jour d'affaire que de faire marcher les troupes bien droites, de voir fi elles confervent bien leurs diftances, de répondre aux queftions que les aides-de-camp leur viennent faire, d'en envoyer par-tout, de courir eux-mêmes fans ceffe ; enfin ils veulent faire tout, moyennant quoi ils ne font rien. Je les regarde comme des gens à qui la tête tourne, & qui ne voient plus rien, qui ne fçavent faire que ce qu'ils ont fait toute leur vie, c'eft-à-dire, mener des troupes méthodiquement fous les ordres d'un chef. D'où vient cela ? C'eft que très-peu de gens s'occupent des grandes parties de la guerre. Ils paffent leur vie à manœuvrer des troupes, & croient que l'art militaire confifte feul dans cette partie. Quand ils viennent au commandement des armées, ils y font tout neufs ; & faute de fçavoir faire ce qu'il faut, ils font ce qu'ils fçavent.

L'une de ces parties eft méthodique, je veux dire la difcipline & la manière de combattre, & l'autre eft fublime : auffi ne faut-il point choifir, pour celle-ci, des hommes ordinaires pour l'adminiftrer.

Si un homme n'eſt pas né avec les talens de la guerre, il ne ſera jamais qu'un général médiocre. Il en eſt de même de tous les talens : il faut être né avec celui de la peinture pour être un excellent peintre, avec celui de la muſique pour en compoſer de bonne, avec celui de la poëſie pour faire de beaux vers, &c. Toutes les choſes qui viſent au ſublime ſont de même ; c'eſt pourquoi l'on voit ſi rarement des gens qui excellent dans une ſcience : il ſe paſſe des ſiècles ſans en produire. L'application rectifie les idées, mais elle ne donne jamais l'ame ; c'eſt l'ouvrage de la nature.

J'ai vu de fort bons colonels devenir de très-mauvais généraux. J'en ai connu d'autres qui étoient grands preneurs de villes, excellens pour manœuvrer dans une armée ; qui, à les ôter delà, n'étoient pas capables de mener mille chevaux à la guerre, à qui la tête tournoit totalement, & qui ne ſçavoient prendre aucun parti.

Si un pareil homme vient à commander une armée, il cherchera à ſe ſauver par les diſpoſitions, parcequ'il n'a point d'autres reſſources. Pour les faire mieux comprendre, il em-

brouillera la tête à toute fon armée, à force d'é-
critures. La moindre circonftance changeant
tout à la guerre, il voudra changer fa difpofition, & mettra tout dans une confufion horrible, & infailliblement il fe fera battre.

On doit, une fois pour toutes, établir une manière de combattre, que les troupes doivent
fçavoir ainfi que les généraux qui les mènent.
Ce font des règles générales, comme; Qu'il
faut garder fes diftances dans la marche; Que,
lorfque l'on charge, il le faut faire vigoureufement; Que, s'il fe fait des trouées dans la première ligne, c'eft à la feconde à les boucher. Il
ne faut point d'écritures pour cela, c'eft l'A-B-C
des troupes, & rien n'eft fi aifé; & le général
ne doit point y donner toute fon attention,
comme la plupart le font.

Mais de quoi il doit s'occuper, c'eft d'obferver la contenance de l'ennemi, les mouvemens
qu'il fait, où il porte fes troupes; chercher à
lui donner de la jaloufie dans un endroit, pour
lui faire faire quelque fauffe démarche; le déconcerter; profiter des momens, & fçavoir porter le coup de la mort où il faut. Mais, pour
tout cela, il faut fe conferver le jugement

libre , & n'être point occupé des petites chofes.

Je ne fuis cependant point pour les batailles, fur-tout au commencement d'une guerre : & je fuis perfuadé qu'un habile général peut la faire toute fa vie, fans s'y voir obligé. Rien ne réduit tant l'ennemi à l'abfurde, que cette méthode ; rien n'avance plus les affaires. Il faut donner de fréquens combats, & fondre, pour ainfi dire, l'ennemi : après quoi, il eft obligé de fe cacher.

Je ne prétends point dire, pour cela, que lorfque l'on trouve l'occafion d'écrafer l'ennemi, qu'on ne l'attaque ; & que l'on ne profite des fauffes démarches qu'il peut faire : mais je veux dire que l'on peut faire la guerre, fans rien donner au hafard ; & c'eft là le plus haut point de la perfection & de l'habileté d'un général. Mais, quand on fait tant que de donner une bataille, il faut fçavoir profiter de la victoire, & fur-tout ne point fe contenter d'avoir gagné un champ de bataille, comme c'eft la louable coutume.

On fuit religieufement les paroles d'un proverbe, qui dit *qu'il faut faire un pont d'or à son ennemi.* Cela est faux : au contraire , il faut le pousser & le poursuivre à toute outrance ; & toute cette retraite , qui paroît si belle, se convertira bientôt en déroute, si elle est inquiétée. Dix mille hommes , détachés, vont détruire une armée de cent mille qui fuit. Rien n'inspire tant de terreur & ne cause tant de dommage, car tout y périt ; & il faut bien des efforts pour remettre tout cela en état; outre que l'on est défait de l'ennemi pour une bonne fois. Mais bien des généraux ne se soucient pas de finir la guerre si-tôt.

Si je voulois citer des exemples pour appuyer mon opinion, j'en trouverois une infinité ; je n'en dirai qu'un.

A la bataille de Ramilli *, comme l'armée de France se retiroit en très-bon ordre sur un plateau assez étroit, bordé de deux côtés de profonds ravins, la cavalerie des alliés la suivoit au petit pas, comme à un exercice ; & l'armée de France se retiroit aussi fort doucement sur vingt lignes, & plus peut-être, parceque le terrein étoit étroit. Un escadron anglois s'approcha de deux bataillons françois, & se

---

* Cette bataille fut donnée le 23 mai 1706, jour de la Pentecôte.

mit à tirailler. Ces deux bataillons croyant qu'ils alloient être attaqués, firent volte face, & firent une décharge fur cet efcadron. Qu'arriva-t-il? Toutes les troupes de France lâchèrent pied au bruit de cette décharge; la cavalerie s'enfuit à toutes jambes; & toute l'infanterie fe précipita dans les deux ravins dans une confufion horrible: de façon que, dans un moment, le terrein fut libre, & l'on ne vit plus perfonne.

Que l'on me vienne, après cela, vanter le bon ordre des retraites, & la prudence de ceux qui font un *pont d'or* à l'ennemi, après qu'ils l'ont défait en bataille: je dirai qu'ils fervent mal leur maître.

Ce n'eft pas à dire qu'il faille s'abandonner avec toutes les troupes pour fuivre l'ennemi. Il faut prendre un corps, & lui ordonner de pouffer tant que le jour durera, le fuivre à petit pas & en bon ordre: quand l'ennemi fuit une fois, on le chafferoit avec des veffies. Mais fi celui que vous envoyez fe met à efcadronner, & à marcher avec des précautions, c'eft-à-dire, qu'il faffe la manœuvre que doit faire l'armée qui le fuit, ce n'eft pas la peine de l'envoyer après. Il faut qu'il attaque, pouffe & pourfuive fans ceffe.

Toutes les manœuvres font bonnes alors : il n'y a que les fages qui ne valent rien.

J'ai compofé cet ouvrage en treize nuits. J'étois malade : ainfi il pourroit bien fe reffentir de la fièvre que j'avois. Cela doit m'excufer fur la régularité & l'arrangement, ainfi que fur l'élégance du ftyle. J'ai écrit militairement, & pour diffiper mes ennuis.

Fait au mois de décembre 1732.

F I N D E M E S R Ê V E R I E S.

RÉFLEXIONS

LA PROPAGATION

DE L'ESPECE HUMAINE.

TOME II.   V

RÉFLEXIONS

SUR

LA PROPAGATION

DE L'ESPECE HUMAINE.

Aprè s avoir traité d'un ART qui nous inftruit
avec méthode à détruire le genre humain, je
vais tâcher de faire connoître les moyens auf-
quels on pourroit avoir recours, pour en faci-
liter la propagation.

Il n'y a forte de chofe dont on ne s'avife,
lorfque l'on n'a rien à faire : l'on réfléchit fur
les plus élevées, ainfi que fur les moindres. La

V ij

diminution extraordinaire dans le monde, depuis Jules-Céfar, a fouvent attiré mon attention; il eft certain que les peuples innombrables qui habitoient l'Afie, la Grèce, la Scythie, la Germanie, les Gaules, l'Italie & l'Afrique, ont difparu à mefure que la religion chrétienne s'eft étendue en Europe, & la mahométane dans les autres parties du monde. Cette diminution va toujours en augmentant. Il y a environ foixante ans que monfieur de Vauban fit le dénombrement des habitans qui étoient en France : il s'en trouva vingt millions : il s'en faut bien que ce nombre y foit à préfent.

Je fuis perfuadé que l'on fera un jour obligé de faire quelque changement dans la religion à cet égard : car, fi l'on confidère combien les ufages qui y font établis font contraires à la propagation, l'on ne fera point étonné de cette diminution. Le mariage y eft oppofé, ainfi que l'éducation. Les plus belles années fe paffent dans l'attente d'un mari; la nature cependant ne perd point fes droits, & la jeuneffe fait des chofes qui détruifent les parties de la génération. La co-

quetterie, la débauche, les accompagnent ;
& la réputation de paſſer pour vierges ne
contribue pas peu à la diminution de l'eſpèce.

Il faut ajouter à cela, que telle femme qui
ne fait point d'enfant avec le mari qu'elle a,
en feroit avec un autre, parceque ſouvent les
dégoûts s'en mêlent; le mari & la femme ne
font que languir enſemble ; & tout le ſyſtême, en général, eſt contraire aux loix de la
nature.

Selon la ſainte écriture, le premier commandement que dieu fit à l'homme eſt, *croiſſez*
& multipliez : de tous, c'eſt celui auquel on
fait le moins attention.

Si l'on refuſe à la nature ce qu'elle demande,
la faculté d'engendrer ſe perd; & de cent femmes qui ſe livrent au manége des filles, à peine
y en a-t-il dix capables de génération. Combien donc de femmes inutiles dans un état, &
peu propres à remplir les devoirs pour leſquels l'auteur de la nature les a créées! Que
l'on examine par-tout, dans les villes & à la
campagne, ſi l'on ne trouvera pas dix filles
non-mariées, qui ſont en état d'avoir des

enfans , contre une qui le fera.

Un légiflateur qui formeroit un fyflême fur la propagation , en faifant des loix fages, détruiroit la débauche ; parcequ'elle n'eft point dans la nature , & qu'elle ne tire fon origine que des loix qui y font oppofées : ce légiflateur formeroit les fondemens d'une monarchie redoutable à toute la terre. Pour cela, il faudroit établir par l'éducation, Que la ftérilité vient de la débauche ; & y attacher de la honte dès l'âge de quinze ans : Que, plus une femme auroit d'enfans, plus fa fituation feroit heureufe; ce qui pourroit fe faire , en ordonnant que le dixième jour, foit du revenu des enfans, ou de l'ouvrage de leurs mains, feroit confacré à la mère : alors cette mère emploieroit toute fon induftrie à les élever, pour fe faire, par leur nombre, un avenir heureux. Il faudroit auffi faire une ordonnance, par laquelle chaque mère , qui auroit une fois préfenté au magiftrat dix enfans vivans, auroit cent écus de penfion ; celle qui en auroit préfenté quinze, cinq cent; & celle qui en préfenteroit vingt, mille. Cette perfpective, pour des gens du commun , feroit qu'ils emploieroient toute leur induſtrie à les bien élever , & s'en feroient, dès leur jeuneſſe , un point capital; les mères ne prêcheroient autre choſe à leurs filles.

On pourroit peut-être m'objeéter que les pères craindroient de ſe charger de trop d'enfans. Mais je réponds à cela qu'ils coûtent peu tant qu'ils ſont petits : & l'on a toujours remarqué que, plus un artiſan ou un payſan a d'enfans, & mieux vont ſes affaires, parceque, dès l'âge de ſix à ſept ans, il les emploie à quelque choſe.

Mais, pour parvenir plus efficacement à bien peupler, il faudroit établir, par les loix, qu'aucun mariage, à l'avenir, ne ſe feroit que pour cinq années ; & qu'il ne pourroit ſe renouveller ſans diſpenſe, s'il n'étoit né aucun enfant pendant ce tems : mais auſſi que les mêmes époux, qui auroient renouvellé leur mariage juſqu'à trois fois, & qui auroient eu des enfans, feroient inſéparables , & vivroient enſemble le reſte de leur vie. Tous les théologiens du monde ne ſçauroient prouver l'impiété de ce ſyſtême, parceque le mariage n'eſt établi que pour la population.

Si la religion chrétienne eſt contraire à la propagation , en rendant les mariages indiſſolubles, & en ne permettant qu'une ſeule femme , la mahométane ne l'eſt pas moins , en accordant la pluralité ; car, dans ce grand nombre de femmes enfermées, une ſeule ordinairement s'empare du cœur de ſon maître ; & les autres , qui deviennent ſes ſervantes , reſtent inutiles. Tous les hommes exercent un pouvoir tyrannique ſur ce ſexe charmant , parceque ce ſont eux qui ont fait les loix , & que ces loix leur ſont commodes. Les Turcs les renferment , & nous les tyranniſons par les préjugés. Voilà d'où vient la fauſſeté dans les femmes , parcequ'elles ſont continuellement contraintes de déguiſer ce qu'elles penſent, tout leur ſyſtême n'étant point dans la nature. Si chaque femme étoit en droit de ſe choiſir un mari ſelon ſon inclination , & pour un tems limité , on ne leur verroit point faire de choſes contraires à la nature, ni de celles où elles courent riſque de la vie : le tems des amours viendroit, & ce tems ſeroit tout employé à l'amour. On ne verroit point de débauche, parceque les hommes,

mes, ni les femmes, n'y auroient point recours pour fatifaire aux loix de la nature, qui eſt fage ; & cette facilité de fe marier & de fe quitter, feroit que tout le monde fe marieroit. On arrêteroit par-là les progrès continuels du mal contagieux qui infecte toute la terre, & qui altère de jour en jour l'efpèce des hommes. Pour être certain de cette vérité, il n'y a qu'à confidérer la différence des peuples où ce mal a commencé à faire fes premiers progrès, d'avec ceux où il eſt moins connu.

Voyons, par un calcul raifonné, la différence du plus ou du moins que cela feroit à la propagation.

Lorfque les femmes ne produifent qu'une fille chacune, que nous nommerons femmes, une femme n'aura produit, à la dixième génération, qu'une femme à l'état. Nous voulons prendre fix générations, chacune de trente années, ce qui fera cent quatrevingt ans.

Si une femme en produit deux :

La première, ... 2
Les 2 secondes, . . . 4
Les 4 troisièmes, . . . 8
Les 8 quatrièmes, . . 16
Les 16 cinquièmes , . . 32
Les 32 sixièmes, ... 64 femmes en 180 ans.

Ainsi la différence sera de 1 à 64, si elles en font deux au lieu d'une.

Si elles en produisent trois en trente ans, qui est un nombre tout commun & tout ordinaire pour celles qui se mettent à en faire, & que parmi celles-là il s'en trouve qui le passent de beaucoup ; je suppose que toutes les femmes agissent de bonne foi, par principe de religion, par leur intérêt, ou selon les loix de la nature,

La première, ... 3
La troisième, ... 9
La neuvième , ... 27
La vingt-septième, ... 81
La quatrevingt-unième, . 163
La cent soixante-troisième. 489 fem. en 180 ans.

En y ajoutant autant d'hommes, cela feroit 978.

Par conféquent,

Dix femmes,. . . . .　　9780
Cent , ...　　97800
Mille, ...　978000
Cent mille, ...　97800000
Un million , ... 978000000

Ainfi un million de femmes , qui eft à peu-
près la dixième partie de celles qu'il y a en France , auront produites, en cent quatrevingt ans ,
neuf cent foixante-dix-huit millions d'ames ,
lorfqu'elles auront fait chacune fix enfans. Ce
nombre eft énorme. Lors même qu'on en retran-
cheroit les trois quarts, il feroit prodigieux.

FIN DES RÉFLEXIONS SUR LA PROPAGATION
DE L'ESPÈCE HUMAINE.

DIFFERENTES

DIFFÉRENTES PIÈCES

RELATIVES

A L'HISTOIRE ABRÉGÉE

DE MONSIEUR

LE MARÉCHAL COMTE DE SAXE.

TOME II.   Y

DIFFÉRENTES PIÈCES
RELATIVES
A L'HISTOIRE ABRÉGÉE
DE MONSIEUR
LE MARÉCHAL COMTE DE SAXE.

DIPLÔME
DE L'ÉLECTION DU COMTE DE SAXE,
en qualité de duc de Curlande & de Sémigalle.

Le comte de Saxe fut élu le 28 juin 1726, & le diplôme fut expéd.é le 5 juillet suivant.

SÇAVOIR faisons à un chacun, que la providence ayant dirigé les choses de manière que la sérénissime maison de Gotlard-Ketler, souveraine des duchés de Curlande & de Sémigalle, étant prête a s'éteindre dans la personne du sé-

réniffime duc Ferdinand; la nobleffe & les états
des fufdits duchés, pour éviter les malheurs atta-
chés aux interrègnes, le bouleverfement de l'état,
tous les troubles inteftins & extérieurs, & affurer
le maintien des loix, ont jugé néceffaire & fa-
lutaire de fonger à une fucceffion éventuelle,
qu'ils ont, par la grace de dieu, effectuée dans la
perfonne du féréniffime prince Maurice comte
de Saxe, par une délibération unanime de
meffieurs les confeillers fuprêmes de la régence & de toute la nobleffe, par le moyen
de la convocation & du réfultat d'une diète
générale; dans laquelle ils ont unanimement,
& par l'acte qui termine cette diète, conftaté,
affuré qu'eux, la nobleffe, & les états defdits
duchés fe donnent au fufdit prince & feigneur,
& le reconnoiffent, lui & fes defcendans mâles,
comme leur fouverain, en cas que fon alteffe
féréniffime le duc Ferdinand vienne à mourir
fans enfans mâles : promettant qu'ils ne fe dé-
tacheront, ni ne fe laifferont détacher de lui
d'aucune manière; mais, au contraire, qu'ils
réuniront toutes leurs forces & tout leur pouvoir, pour que cette élection éventuelle foit
approuvée, ratifiée & confirmée par fa majef-

té le roi de Pologne , comme le DOMINUS DIRECTUS.

En confidération de quoi, le féréniffime prince s'eft fortement engagé , & s'oblige, en vertu du préfent acte, ainfi que la juftice le demande , à feconder, aider, & protéger le pays dans tous les befoins, néceffités, & cas qui peuvent arriver ; à profeffer la pure religion evangélique fuivant la confeffion d'Aufbourg, & à y maintenir le pays : comme auffi à conferver les privilèges , immunités, prérogatives , liberté, anciennes coutumes & contrats, ainfi que les ci-devant & dernières décifions commifforiales conftatées; à ne les point enfreindre, & à fouffrir encore moins qu'elles foient enfreintes; à éteindre principalement tous les griefs , avant de prendre en main le gouvernement & de recevoir l'hommage ; & à fe conformer en tout aux chartres que fes féréniffimes prédéceffeurs ont données. En foi de quoi, & pour conftater ce qui eft contenu ci-devant , a été fait un double du préfent acte , dont l'un a été figné & fcellé, d'une part, par fon alteffe féréniffime; & l'autre, par la nobleffe & les états du pays, conjointement avec meffieurs les confeillers fuprêmes de la régence. D O N N É à Mittaw le cinq juillet, l'an de notre feigneur Jefus-Chrift mil fept cent vingt‑fix.

Signé, *H. de Brinken, grand maître du pays; J. C. de Saken, maréchal des nonces, & nonce de Fravembourg; S. Kerf, nonce de Talech; G. F. Klopmann, nonce de Mittavv; W. H. Schroeders, nonce de Bauske, Erkau, Neugutfch & Baldou; B. H. de Heucking, nonce de Jabel; G. E. de Sakin, nonce de Candau; H. J. Grotthus, nonce de Goldingen; E. F. de Saken, nonce de Dobleni; F. A. de Heucking, nonce de Tutum; H. C. Kaiferling, nonce de Tacum; C. J. E. Ronne, nonce de Windau; H. de Saff, nonce de Helburg; G. C. de Medem, nonce de Greutzhuff; E. J. de Buttler, nonce de Greutzhuff; J. H. Keyferling, chancelier; E. P. de Brugen, maréchal du pays; H. J. de Brinkin, nonce de Fravembourg; N. W. Stempel, nonce de Alfchvveng; C. Wigand, nonce de Talfch; J. E. Nolder, nonce de Durbifch & de Grams; F. C. Nettelhoret, nonce de Bausk, Erkau, Neugutfch & Baldou; F. de Afcherfleben, nonce de Jabel; P. C. de Heucking, nonce de Candau; H. de*

Brinkin, nonce de Goldingen; G. H. de Leo-
bell, nonce de Dobleni; J. M. Frunk, nonce de
Tutum; E. C. de Bruggen, nonce de Auzie;
J. Kaiserling, nonce de Drunaberg; O. C. de
Hoffen, nonce de Seffanch; & E. C. de Medem,
nonce de Hozenot & de Grobin.

LETTRE

DU COMTE DE SAXE

au primat de Pologne, pour lui faire part de son élection.

Du 30 juin 1726.

MONSEIGNEUR,

L A nobleſſe de Curlande aſſemblée m'a élu pour ſuccęſſeur au duc Ferdinand, le 28 de ce mois. A ce début, votre alteſſe me regardera, peut-être, comme le chef d'un peuple révolté; mais je la ſupplie de ſuſpendre pour un inſtant ſa déciſion, & d'entendre les raiſons qui m'ont engagé à déférer à cette élection.

J'avoue, monſeigneur, que perſuadé, comme je le ſuis encore, de la juſtice des Curlandois, j'ai eu, pendant un tems, des vues pour cet établiſſement : mais ſa majeſté, à mon départ, m'ayant défendu d'y penſer, je me rendis à Riga pour y ſolliciter des prétentions que j'ai ſur des terres en Livonie, & voir s'il n'y avoit pas jour à traiter de mon mariage avec la ducheſſe

de

de Curlande : démarches qui ne pouvoient choquer ni le roi, ni la république. En paſſant à Mittaw, j'ai trouvé la nobleſſe convoquée depuis quinze jours, pour procéder à l'élection d'un ſucceſſeur au duc Ferdinand. Etant à Riga, j'ai ſçu que le prince Menzikoff avoit envoyé une de ſes créatures, avec des ſommes conſidérables, pour faire déclarer la diète en ſa faveur. Le duc de Holſtein s'eſt auſſi mis ſur les rangs, ſe faiſant fort de la protection de la cour de Ruſſie. Enfin le duc Ferdinand a fait offrir aux Curlandois de renoncer à toutes ſes prétentions, s'ils vouloient élire un prince de Heſſe-Caſſel, actuellement au ſervice du roi de Pruſſe, & qui devoit être ſoutenu par la Suède & par tout le parti proteſtant. J'ai craint, monſeigneur, & je crois avec raiſon, que les Curlandois, flattés par les puiſſances voiſines de la conſervation de leurs privilèges, & menacés par la Pologne de les perdre, ne priſſent un parti également contraire à la tranquillité & aux intérêts de la république. C'eſt ce qui m'a déterminé à me mettre au nombre des prétendans : & la Curlande n'a penché en ma faveur, que parcequ'elle a penſé qu'il n'y avoit point de ſujet

qui dût être plus agréable au roi & à la république, ni caufer moins d'ombrage à la Pologne & à fes voifins.

Voilà ce que j'aurai l'honneur de dire à votre
alteffe pour ma juftification : elle verra celle
des Curlandois, dans le mémoire ci-joint. Je
vous fupplie, monfeigneur, d'y faire attention,
& de vous mettre pour un moment en la place
d'une nation menacée de fe voir privée d'une
liberté dont elle a joui fi longtems, & qu'elle
n'a point mérité de perdre. Je me flatte que
votre alteffe, convaincue de la juftice de fa caufe,
lui accordera fa protection. Je vous la demande, monfeigneur ; & puis vous affurer que, tant
que la Curlande aura pour mes avis la défé-
rence qu'elle témoigne, elle demeurera invio-
lablement attachée à la république. Elle n'a point
eu jufqu'à préfent d'autres fentimens : mais je
ne voudrois pas garantir qu'elle les confer-
vât, au cas qu'on la portât au défefpoir. J'ai
l'honneur d'être, &c.

Signé, Maurice de Saxe.

A Mittavv.

L E T T R E

DU COMTE DE SAXE

Au baron d'Osterman, conseiller privé de l'impératrice de Russie.

Du 15 juillet 1726.

MONSIEUR,

LE public parle si avantageusement de votre excellence, & je suis si persuadé qu'il ne se trompe point, que je m'adresse avec confiance à un ministre dont la prudence égale la capacité. Je supplie votre excellence de croire que ceci n'est point un compliment : la franchise avec laquelle je vais me livrer à elle doit l'en convaincre.

Les Curlandois, menacés de perdre leurs privilèges, ne s'attendoient pas que, dans les mesures qu'ils prenoient pour les conserver, les embarras leur vinssent du côté de la Russie. Le principe sur lequel ils ont fondé leur espérance est que l'intention du feu empereur & celle de l'impératrice règnante étoit, & doit être encore,

Z ij

de maintenir le gouvernement de la Curlande
fur le pied où il eft actuellement : les affuran-
ces fréquentes que leurs majeftés impériales leur
ont données à ce fujet, ne leur laiffoient pas lieu
d'en douter.

J'ai agi en conféquence. Mes démarches
n'ont point été cachées ; la cour de Ruffie ne
les a point ignorées, & ne m'a témoigné en rien
qu'elles lui fuffent défagréables. Les Curlandois ne pouvoient plus différer. Il étoit queftion de prévenir les réfolutions que l'on devoit
prendre à Grodno, pour partager leur pays en
palatinats. C'eft ce qui a déterminé leur régence à convoquer fi précipitamment une diète,
où l'on pût convenir de ce qui feroit le plus ef-
ficace pour la confervation de la liberté.

On n'a point trouvé d'expédient plus fûr,
que d'élire un fucceffeur au duc Ferdinand. Il
falloit que ce fût un fujet agréable au roi de
Pologne, & qui ne pût donner de jaloufie aux
voifins. On a cru le rencontrer en moi, on m'a
élu. L'élection a été unanime, & la diète con-
fommée par un traité entre la nobleffe & moi,
qui nous lie de façon que nous ne pouvons
nous féparer fans renoncer au point-d'honneur.

Les chofes en étoient là, quand on a publié que le prince Menzikoff venoit en Livonie, peu fatisfait de ce qui avoit été réglé à Mitaw.

Sur le bruit qui s'étoit répandu que votre excellence devoit l'accompagner, j'avois envoyé une perfonne de confiance à Riga, pour la faluer de ma part, l'informer de tout ce qui s'étoit paffé, & la conjurer de s'intéreffer pour la juftice de ma caufe & de celle des Curlandois. Ayant appris que votre excellence étoit demeurée à faint Péterfbourg, j'ai écrit au prince Menzikoff, dans les termes que j'ai cru les plus convenables pour l'adoucir. La ducheffe de Curlande, de fon côté, l'a fortement follicité en faveur du pays : mais rien n'a pu le fléchir. A fon arrivée à Mittaw, il a affemblé la régence, & veut la forcer à affembler une feconde diète, qui caffe mon élection, & l'inftale en ma place. On menace les chefs de la régence de les envoyer en Sibérie ; & le pays, de le mettre à la difcrétion de vingt mille hommes, fi la diète n'eft pas raffemblée dans dix jours.

Je ne difcuterai point fi ces menaces font de droit ; j'en laiffe juger votre excellence : mais je dis que les Curlandois ne peuvent déférer aux volontés de sa majesté impériale, quelques dispositions qu'ils eussent à le faire. Relevans de la Pologne, oseroient-ils reconnoître d'autre protection, sans s'exposer à être juridiquement dépouillés de leurs privilèges ? Cependant, s'ils résistent aux ordres qu'on vient de leur donner, ils s'exposent à une ruine entière ; &, s'ils obéissent, ils renoncent à leur traité, à leurs sermens, & encourent la juste indignation de la Pologne.

Voilà, monsieur, où sont réduits les Curlandois ; & c'est sur une lettre de créance de sa majesté impériale, dont le prince Dolgoruki est porteur, que l'on en agit ainsi eux. Que diroit l'empire de Russie, si l'on traitoit de même les peuples qui sont sous sa protection ? Je ne vous écris point comme à un ministre, mais comme à un homme dont j'aurois fort à cœur de gagner l'estime & l'amitié. Je me flatte que celle qui est entre vous & le prince Menzikoff, ne vous empêchera pas de réfléchir sur le sort qu'on prépare aux Curlandois, & qu'ils n'ont mérité par aucune démarche. Que votre excellence envisage aussi les suites qui peuvent en résulter. S'il n'y avoit que moi d'intéressé à leur conservation, on pourroit les détruire sans faire attention aux conséquences; mais ils ont une protection plus puissante : & la situation présente de l'Europe est telle, que la moindre étincelle y peut causer un embrasement général. J'ai l'honneur d'être, avec toute la considération possible, de votre excellence, &c. *Signé*, MAURICE DE SAXE.

A Mittavv.

L E T T R E

DU COMTE DE SAXE AU ROI DE POLOGNE,

En réponse à celle que sa majesté lui avoit écrite, pour lui ordonner de rapporter à la diète de Pologne l'acte de son élection.

Du 23 octobre 1726.

SIRE,

JE suis contraint, par une fatale nécessité, de désobéir aux ordres si souvent réitérés par votre majesté, & que son ministre, monsieur le comte de Witzdorff, me déclara encore en dernier lieu, de ne plus songer à la Curlande. Je ne puis que me jetter aux pieds de votre majesté par cette dernière instance, pour la supplier, avec toute la soumission possible, de suspendre, pour un moment, les considérations relatives au decret de la diète de Grodno, pour envisager mes engagemens du côté de l'honneur & de la réputation qui me touchent en particulier.

Je dois tout à votre majesté; & ma vie est le

moindre

moindre facrifice que je voudrois lui faire.
Mais, fire, des fentimens d'honneur me lient
bien plus étroitement à l'obligation de ne jamais
faire aucune démarche indigne de votre fang.
Je ne fuis plus à moi : je ne puis plus abandonner un parti honorable, ni me dédire, & manquer à ma parole ; car cela entraîneroit un blâ-
me, & des réflexions que tout honnête homme
ne peut concevoir fans frémir.

J'occupe un emploi très-diftingué dans les
armées du roi très-chrétien, où la lâcheté & la
trahifon ne fouffre ni modification, ni excufe,
ni déguifement; & je dois m'appliquer à y en
mériter encore de plus éminens. Mais, fire,
quand je voudrois paffer fur toutes ces confi-
dérations effentielles, pourrois-je éviter le re-
proche continuel de ma propre confcience, &
me réfoudre à paffer mes jours dans un mépris
manifefte ?

Je n'ai rien de plus profondément gravé
dans mon cœur qu'une entière réfignation aux
ordres de votre majefté. Mais la réputation,
fire, ne peut reconnoître que foi-même : j'en
dois répondre feul ; & fi je fuis capable de m'é-
carter un inftant de ce principe, je ne mérite

plus vos bontés. Ce n'eſt ni par caprice, ni par légèreté que j'ai donné les mains à mon élection : j'ai été unanimement élu par cette illuſtre nation, par ce corps de nobleſſe qui s'eſt ſignalée depuis pluſieurs ſiècles par ſon attachement à la Pologne ; qui a plus d'une fois contribué à ſa gloire & à ſes avantages ; qui ne cherche, ne demande & n'aſpire à autre choſe qu'à perſiſter dans la fidélité de ſes ancêtres ; & qui ne s'en départira jamais, à moins que d'y être forcée.

On nous a condamnés à Grodno, ſire : mais, nonobſtant toute la cabale, il y a eu des avis juſtes qui vouloient qu'on nous écoutât : on ne l'a point fait ; c'eſt le fondement de la juſte crainte des Curlandois, & la cauſe de la ſituation amère où je me trouve. On veut établir un tribunal de l'inquiſition en Curlande, comme on a déjà fait en d'autres lieux. Je l'attendrai avec toutes les diſpoſitions d'une ame ferme & inébranlable ſur tout ce que la prudence preſcrit en pareille conjoncture. Mais je ne pourrois, ſire, qu'être inconſolable pour jamais, ſi ces diſpoſitions me privoient des bontés & des graces de votre majeſté.

Daignez, fire, faire quelqu'attention aux vérités que j'ofe vous expofer, & qui doivent me rendre plus digne de votre pitié que de votre colère. Je fuis, avec un refpect infini, de votre majefté, &c. *Signé*, MAURICE DE SAXE.

A Mittavv.

Aa ij

DIPLÔME

D'AUGUSTE, ROI DE POLOGNE,

contre l'élection du comte de Saxe.

Du 26 octobre 1726.

AUGUSTE II, par la grace de dieu, roi de Pologne, grand duc de Lithuanie, &c. D'autant que nous avons toujours regardé l'amitié & l'affection de nos très chers bourgeois & habitans de ce royaume comme le principal & le plus solide de notre régence; & que nous avons tâché & tâchons encore d'étendre les frontières de la république, & d'y rejoindre les pays qui en ont été démembrés : A ces causes, & pour prévenir tous les prétextes qui pourroient causer quelque méfiance entre sa majesté & la liberté, en conséquence des *pacta conventa*; nous avons bien voulu promettre & engager notre parole royale, que nous ne permettrons à qui que ce soit de démembrer la province de Curlande du corps de la république, auquel elle a été jointe depuis tant de tems, & qui, en vertu des *pacta subjec-*

tionis, ou conventions de foumiſſion, doit rentrer fous la dépendance du roi, & des états du royaume & du grand duché de Lithuanie, après la mort du duc Ferdinand fans enfans mâles.

Dans cette vue, & pour ôter toute efpérance à ceux qui afpirent à cette fucceſſion, nous déclarons que nous n'accorderons jamais l'inveſtiture à un nouveau duc, foit en particulier, ou conjointement avec les états. Nous ne donnerons auſſi aucun fecours à qui que ce foit, directement ou indirectement : au contraire, nous envoyons ordre au comte Maurice de Saxe de fe retirer inceſſamment du duché de Curlande, fans pouvoir y retourner, ni y prendre aucun intérêt, fous quelque prétexte, prétention, ou titre que ce puiſſe être.

Nous déclarons, de plus, que nous obligerons ledit comte à rendre tous les inſtrumens & lettres qui ont été faits en fa faveur dans une aſſemblée défendue, pour les remettre aux états de cette république, actuellement aſſemblés en diète, comme étant de nulle valeur : & les Curlandois, qui ont été les auteurs de ces inſtrumens & actes, feront jugés devant nos tribunaux de relation.

Ordonnons & permettons que le préfent diplôme figné par nous, & fcellé du fceau de la
couronne & du grand duché de Lithuanie, foit
remis entre les mains du maréchal de la diète,
& inféré non feulement dans les loix, mais auffi
dans la matricule de chaque palatinat. *Signé*,
FREDERIC AUGUSTE.

A Grodno.

AUTRE DIPLÔME

DU ROI DE POLOGNE,

pour incorporer le duché de Curlande à la Pologne.

Du 9 novembre 1726.

AUGUSTE II, par la grace de dieu, roi de Pologne, grand duc de Lithuanie, &c. D'autant que l'expérience fait voir que les états qui font réunis fous un chef, & qui n'ont qu'une feule forme de régence, rendent un corps plus heureux, plus puiffant & plus facile à gouverner, que lorfqu'ils font partagés ou défunis, &c. A ces caufes, nous réuniffons & incorporons au royaume de Pologne, & au grand duché de Lithuanie, le duché de Curlande & de Sémigalle, dans le territoire de Pilten, & tout ce qui en dépend, de la même manière qu'ils ont été ci-devant réunis & incorporés aux autres états de la république. Nous les recevons comme citoyens de la couronne & du grand duché de Lithuanie, ainfi qu'ils ont été reçus ci-devant, avec les droits privilèges & libertés qui leur ont été accordés. Nous leur promettons de les affiler & défendre, avec les armées de la république, contre toute possession injuste, & contre toute invasion des ennemis.

En excluant, rejettant & abolissant à perpétuité toute substitution ou investiture d'un nouveau successeur après la mort du présent duc Ferdinand, nous rompons, & annullons en même-tems, toutes les entreprises & pratiques qui ont été faites injustement contre nos mandats, ordres & défenses, & particulièrement la dernière assemblée illicite, avec tous les actes qui y ont été dressés, touchant une prétendue succession éventuelle : Et, en vertu de notre pouvoir suprême, & de la puissance immédiate de la république, nous déclarons, par une loi perpétuelle & irrévocable, toutes ces entreprises, pratiques & actes illicites, de nulle valeur & insubsistans, sans qu'on en puisse jamais tirer aucun avantage.

Et, afin que les demandes & représentations des états de la province de Curlande, au sujet des affaires domestiques, & des arrangemens pris pour l'affermissement du bien intérieur & de la régence même, puissent être expédiées & & terminées plus promptement à l'avantage d'un chacun;

chacun ; nous nommons, du confentement de tous les états de la république, pour commiffaires de la part du fénat, l'évêque d'Ermeland, avec les palatins de Mazovie, de Plosko & de Trocko, non feulement pour écouter & examiner lefdites demandes & repréfentations, mais auffi pour faire tous les règlemens de cette province, & en conféquence ajufter tous les différends & toutes les prétentions domeftiques & étrangères; avec ordre de faire rapport de tout à la république, afin d'en recevoir l'approbation & la confirmation à la prochaine diète.

Nous donnons pouvoir aufdits commiffaires de juger promptement & de faire punir tous ceux qui pourroient s'oppofer ou fe rébeller contre les droits de la république, le pouvoir des commiffaires, & la préfente conftitution. Enjoignons, avec l'autorité de la préfente diète, aux généraux des deux nations de les affifter de troupes, lorfqu'ils en feront requis : & voulons que lefdits commiffaires ayant fixé le tems de ladite commiffion, par des lettres circulaires, ils l'exécutent auffi promptement qu'il leur fera poffible.

Nous défendons en même-tems, par autorité de la préfente diète, à tous les habitans du duché

 Bb

de Curlande & de Sémigalle, & du territoire de
Pilten, foit en général ou en particulier, d'entretenir aucune correfpondance, négociation ou
liaifon avec les miniftres étrangers; de faire
quelques nouveautés, ou de fomenter des entreprifes préjudiciables aux droits de la république, foit directement ou indirectement, fous
quelque titre ou apparence que ce puiffe être,
fous peine de crime de lèfe-majefté, de haute-
trahifon, & de toute autre punition, fuivant la
rigueur des loix; à quoi feront auffi fujets tous
ceux qui feront découverts dans la fuite être
fauteurs, complices & exécuteurs defdites conventions, conformément aux loix établies par
le traité de Varfovie. *Signé*, FREDERIC AUGUSTE.

A Grodno.

RESCRIPT

DU COMTE DE SAXE,

par lequel il invite les Curlandois à prendre les armes, & à venir le joindre.

Du 18 août 1727.

MAURICE, comte de Saxe, par la grace de dieu, duc de Curlande & de Sémigalle, maréchal des camps & armées de fa majefté très-chrétienne, à nos amés & fidèles états & fujets, SALUT. Les troupes étrangères dont la Curlande eft remplie aujourd'hui, contre tout droit des gens, ne permettent pas de douter de leurs mauvaifes intentions; & le falut commun de la patrie devant être le premier foin d'un fouverain, nous avons cru devoir nous fervir de toute notre autorité ducale, pour concourir de toutes les forces qu'il a plu à dieu nous mettre en main, en diffipant un ennemi qui vient injuftement & à main armée menacer nos vies & nos biens. Bien perfuadés que nous fommes, que ce font les hommes qui décorent les

Bb ij

fouverains de leurs titres, mais que c'eſt dieu feul qui leur donne la puiſſance ; après avoir mis en lui toute notre confiance, & l'avoir imploré de tout notre cœur de s'intéreſſer à la juſtice de notre cauſe, nous avons mandé, enjoint & ordonné, enjoignons, mandons & ordonnons, par ces préſentes ſignées de notre main & ſcellées du ſceau de notre chancellerie, à tous nos ſujets en état de porter les armes, de quelqu'état, profeſſion, condition & qualité qu'ils ſoient, de s'armer incontinent, & de venir ſe joindre à nous dans l'iſle d'Uſmaiz, pour y prendre nos ordres. Nous invitons auſſi la nobleſſe, après avoir donné l'exemple à leurs vaſſaux, en s'armant pour la défenſe commune, de ſe rendre auprès de nous, pour y conférer ſur les moyens les plus prompts & les plus expédiens pour éloigner de nous les malheurs & les calamités dont nous ſommes menacés. Pourquoi nous mandons à tous nos grands officiers, gouverneurs, capitaines généraux, capitaines particuliers, & baillifs, de tenir, chacun en droit ſoi, la main à la prompte exécution de notre préſent reſcript, qui ſera lu, publié, & affiché dans toutes les villes, bourgades , châteaux , & villages de notre obéiſſance. DONNE' dans notre camp de l'iſle d'Uſmaiz, le dix-huit août mil ſept cent vingt-ſept.

Signé, MAURICE DE SAXE.

L E T T R E

DU ROI DE POLOGNE, AU COMTE DE SAXE,

Du 20 mai 1732.

MONSIEUR le comte de Saxe, j'ai reçu votre lettre du 10 du mois paſſé. Je ne ſuis point ſatiſfait de ce que monſieur d'Asfeld vous a dit au ſujet du deſſein que je vous ai envoyé pour ſervir à couvrir le pont de Metz : cela ſent la vieille routine. Mais il eſt à préſent queſtion d'autre choſe. Je voudrois avoir un corps de cavalerie légère. J'ai eu un régiment de huſſards, qui n'a pas brillé en Pologne dans la guerre de la confédération : cependant Bauditz, le prince de Weiſenfeld, & les autres généraux qui ont ſervi en Flandre, diſent des merveilles des huſſards, & inſiſtent pour que j'en faſſe lever un régiment. Il m'eſt d'avis que des compagnies Walaques valent mieux. Les douze, que vous avez vues en Poméranie en 1713 ou 14, ont fort bien ſervi ; & j'ai oui parler avec éloge de celles que le roi de Suède avoit avec lui en Norwège. Ainſi je ſuis porté de préférence pour les Walaques ; d'autant plus qu'il m'eſt plus aiſé d'en avoir, qu'ils ſont

moins fujets à déferter, & que leurs chevaux
font meilleurs. Je crois que l'éloignement que
font paroître mes généraux pour ces compagnies Walaques, vient de ce qu'elles reffemblent
aux compagnies polonoifes ; & vous connoiffez
leur antipathie. J'ai remarqué que, toutes les fois
que l'on a débattu cette matière, vous vous êtes
tu. Comme je n'attribue point votre filence à l'i-
gnorance, je vous foupçonne d'avoir quelqu'idée
là-deffus. Faites-m'en part, avant que je me dé-
termine pour la levée de cette cavalerie légère,
dont cette lettre fait le fujet. Sur ce, je finis,
mon cher comte de Saxe, priant dieu qu'il vous
ait en fa fainte & digne garde. Fait à Drefde.

Signé, Auguste, roi.

RÉPONSE

DU COMTE DE SAXE, AU ROI DE POLOGNE,

avec les additions qu'il y a faites depuis, dans la copie qu'il en a laissée.

Juin 1732.

SIRE,

J'AI reçu la lettre que votre majesté m'a fait la grace de m'écrire le 20 du mois passé. Mon silence, sire, au sujet de la cavalerie légère, dans les conversations qui se sont tenues à ce sujet, étoit causé par la conséquence dont me paroît cet objet. Mais, puisque votre majesté me l'ordonne, j'en dirai ma pensée avec cette liberté militaire que votre majesté a la bonté d'exiger de ceux avec qui elle daigne s'entretenir des affaires du métier. Une armée, dénuée de cavalerie légère, ou qui n'en a pas suffisamment pour tenir tête à celle de l'ennemi, peut se comparer à un homme armé de toutes pièces, qu'on mettroit aux mains avec une troupe d'écoliers, qui

n'auroit

n'auroit pour armes que des mottes de terre. Cet Hercule feroit bientôt obligé de fe retirer hors d'haleine, & couvert de honte & de confu-fion. Si votre majefté n'a pas été contente des huffards pendant la confédération dernière; fi elle fe loue des Walaques qu'elle a eu en Pomé-ranie; fi ceux du roi de Suède ont fi bien fait en Norwège; & fi les généraux de votre majefté parlent avec tant d'éloge des huffards de l'em-pereur; toutes ces chofes, fire, viennent du même principe.

En 1713, votre majefté fit venir en Pomé-ranie douze compagnies de Walaques, qui y fi-rent des merveilles, parceque les Suédois n'a-voient aucune cavalerie légère; ce qui nous don-na la fupériorité en campagne. Ces Walaques étoient toujours fur leurs grandes gardes: nos fourages, nos pâtures fe faifoient toujours avec aifance & fans rifque; les leurs étoient fouvent attaqués : ils ne pouvoient faire de détache-mens que nous ne le fçuffions, & que nous ne fuffions en état de les battre; ils étoient dans une parfaite ignorance des nôtres, quoique ce fût dans leur propre pays que nous fiffions la guerre. Voilà, fire, ce que caufe la fupériorité

TOME II.   C c

en campagne ; & à partie égale, on ne doit l'attribuer qu'à la cavalerie légère.

Le roi de Suède sentit cette conséquence, & fit venir de Turquie quelques compagnies Walaques, qui pensèrent être la cause de la ruine des Danois en Norwège; parceque les Danois n'avoient aucune cavalerie légère.

Les généraux de votre majesté l'ont engagée par la suite à renvoyer ces douze compagnies Walaques, & à faire lever un régiment de hussards dont elle n'a pas cru avoir lieu d'être contente pendant la confédération en Pologne de l'année 1715. La raison en est évidente : c'est que toute la cavalerie polonoise est cavalerie légère ; & que, hussards contre hussards, le nombre doit avoir la supériorité.

Aussi ai-je vu nos hussards ne pas oser aller à mille pas au-delà de nos grandes gardes : &, quand on faisoit un détachement pour les soutenir, ce détachement étoit peu après investi par les Polonois, & revenoit quelquefois de plusieurs lieues en combattant. Nos fourages étoient souvent inquiétés, nos convois & nos équipages toujours attaqués dans les marches ; & l'on passoit sa vie sous les armes, sans nulle nouvelle

de l'ennemi, que lorfqu'on le voyoit : ce qui,
à la longue, ruine une armée. Il femble que les
chofes les plus évidentes le cèdent aux ufages.
Les généraux de votre majefté vous propofent
de nouveau, fire, la levée d'un corps de huffards, parcequ'ils en ont fenti l'utilité en Flandre : c'eft, à la vérité, le triomphe des huffards
que la guerre contre la France, parceque les
François n'en ont qu'une poignée, & que l'empereur en a toujours cinq ou fix mille dans fes
armées. Cela fait que les armées impériales ont
eu cette fupériorité en campagne, dont je parle,
qui, à la confidérer fuperficiellement, n'eft pas
de grande importance ; mais qui, dans le fond,
importe beaucoup. Car, fi l'on n'eft les maîtres
de la campagne, les détachemens que l'on fait
courent toujours rifque d'être battus : fi l'ennemi
fe montre à ces détachemens, il fera plus fort
qu'eux; & s'il eft plus foible, ils ne le trouveront
pas pour le battre, parcequ'il fera averti. D'ailleurs, les huffards de l'empereur font perpétuel-
lement à la vue des grandes gardes, & voient ce
qui fe paffe dans le camp. Si l'on fait un mouvement, ils en avertiffent fur le champ, & très-
vîte; s'il y a un parti de cavalerie dehors, ils le

Le détachement de M. de Cerizy, pendant le fiége de Phillfbourg ; & celui de M. Berecklul auprès de Mayence, après le fiége de Phillf- bourg, en 1734.

découvrent : au lieu que les leurs rodent à l'entour d'une armée françoife en toute fureté; ce que les François n'oferoient hazarder, parceque leur cavalerie légère ne leur donne pas cette fupériorité en campagne, fi utile & fi néceffaire. D'ailleurs, ces huffards ramaffent tous les déferteurs, & font prifonniers tous ceux qui s'écartent des armées françoifes. Les mêmes raifons font que les efpions ne paffent qu'avec peine, & que les Allemands ne fçauroient déferter fi facilement; de manière que les nouvelles ne doivent pas être fréquentes dans les armées françoifes, & l'on n'en fçauroit avoir trop fouvent. Ils ont encore une facilité par là, qui eft d'envoyer des officiers entendus avec ces huffards, qui regardent, avec des yeux de maîtres, les poftes & les pofitions; & peuvent former, fur l'infpection des lieux, des projets dangereux aux armées françoifes.

L'affaire de Luzara, en 1702, en eft un exemple inoui. Toutes les guerres de l'antiquité ne nous en fourniffent aucun d'une armée embufquée de cent pas à l'autre, & qui guette le moment qu'elle foit entrée dans fon camp & qu'elle ait quitté fes armes, pour l'attaquer.

Mais les huſſards de l'empereur n'ont pas les mêmes avantages avec les Turcs, parceque ceux-ci leur ſont ſupérieurs en nombre & en légèreté. Auſſi ai-je vu, quand j'ai été en Hongrie, que nous ne marchions qu'à tâtons, que nous n'avions nulle nouvelle des Turcs; & que ces huſſards, tant vantés, n'oſoient pas quitter les grandes gardes de vue : ce qui eſt très-dangereux; car l'on peut tomber dans bien des ſortes d'inconvéniens, lorſqu'on n'eſt informé de rien. Dix mille hommes feront croire à un général, qui n'a pas la ſupériorité de la campagne, que c'eſt toute l'armée des ennemis, ſi celui qui commande paye d'effronterie, & l'arrêteroient tout court pour faire ſa diſpoſition : en tout, l'on marche comme des aveugles, lorſqu'on n'a pas cette ſupériorité de la campagne.

L'affaire de monſieur de Vallis à Caëſka, 1739.

Retraite de monſieur de Konigzeg du Scraglione, 1735.

A tous ces inconvéniens, ce n'eſt pas conſulter un bon remède, que celui d'oppoſer à l'ennemi un nombre ſupérieur de cavalerie légère; parceque cette cavalerie conſomme une quantité de ſubſiſtance, & ne rend pas plus fort en cavalerie le jour d'un combat, parceque l'on ne ſçauroit compter ſur elle pour la ſolidité. Il eſt même dangereux de l'avoir à ſes côtés en grand nombre : nous ne l'avons que trop éprouvé en Pologne, dans la guerre contre les Suédois; & ils s'en font mal trouvés eux-mêmes à la bataille de Calich, comme votre majesté sçait très-bien. Il faut donc avoir recours à d'autres moyens. Les François ont cru remédier par des compagnies franches. On les met dans des châteaux aux environs des camps; de là, elles font quelques courses : mais comme elles ne font pas mieux montées que les dragons, elles ne s'éloignent guères des postes qu'elles occupent, & il faut peu de choses pour les masquer. Cela donne un peu plus d'aisance; mais le remède n'est pas suffisant.

Il n'y a pas de souverain en Europe qui soit mieux en état de faire une excellente cavalerie légère, que votre majesté. Ses troupes font accoutumées, depuis vingt-six années de différentes guerres, à combattre contre de la cavalerie légère, & à ne se point effrayer du nombre. Car, avec les Turcs, les Hongrois, les Tartares & les Polonois, c'est le point ; il n'y a qu'à tenir ferme : & c'est l'impossibilité de fuir avec nos gros chevaux, qui nous a appris cette méthode. Que l'on mette ces hommes-là sur des chevaux vîtes,

qu'on les accoûtre légèrement; & je me perfuade
qu'ils auront bientôt ôté à la cavalerie légère de
l'ennemi cette impertinence qui ne confifte que
dans l'impunité & la facilité de fuir. Il faut que
j'en donne une preuve. La voici:

Au camp de . . . . . . en Italie, monfieur de
de Vendôme, excédé de ce que les huffards ve-
noient tous les jours à la tête de fon camp en
affez grand nombre, & roulant peut-être quelque projet dans fa tête, dit qu'il voudroit bien
être défait de cette race là. Un officier de cavalerie, efpagnol, lui dit qu'il l'en délivreroit bientôt, s'il vouloit permettre que l'on fît venir un
régiment efpagnol à l'armée, qui n'étoit pas éloi-
gné de-là. Monfieur de Vendôme y confentit. Le
régiment efpagnol arriva le même foir dans
l'armée. On leur fit mettre les paquets bas, &
on les embufqua avant le jour derrière les grandes gardes.

Le lendemain, les huffards reparurent à leur
ordinaire. Tout d'un coup ce régiment, baiffant
la main fur les huffards par différens endroits, les
joignit; & les Efpagnols, avec leurs longues
épées, en firent une grande deftruction. Cette
leçon les corrigea fi bien, que l'on ne vit plus

de huffards de toute la campagne. Cela fait
fuffifamment connoître qu'ils ne s'approchent
que lorfqu'ils croient le pouvoir faire impuné-
ment. Dans la retraite, ils ne fçavent que fuir ;
& il faut combattre & fe retirer doucement.
C'eft ce que fçavent faire les troupes de votre
majefté. Cent chevaux fe retireront devant une
multitude de cette cavalerie légère : une longue
continuation d'événemens le leur a appris , &
cela a paffé en principes dans l'efprit du foldat.

Si votre majefté approuve mes réflexions fur
ce fujet, il faudroit choifir dans toutes fes troupes mille hommes de la plus petite taille ; en
prendre des officiers dont la valeur , l'expérience
& l'intelligence fuffent bien reconnues, pour les
commander ; en compofer douze compagnies,
ce qui feroit environ la troupe à quatrevingt :
quand il en faudroit trente hommes, elle refteroit
encore à cinquante ; ce qui fait toujours une
troupe de cavalerie, comme on les envoie à la
guerre dans tous les fervices règlés.

J'ai dit qu'il faut choifir les plus petits hommes, parcequ'on a fouvent éprouvé qu'un cheval qui fera trente-lieues d'une heure de chemin dans un jour, fous un homme qui ne pè-
fera

fera que 120 à 130 livres, qui eſt le poids ordinaire d'un homme de cinq pieds deux pouces, n'en fera à peine que la moitié ſous un homme de 150 à 180; & pour ſa vîteſſe, il s'en faudra 100 à 150 pas ſur mille. Toutes leurs armes doivent être extrêmement legères, ainſi que tout l'accoûtrement. Quant aux chevaux, votre majeſté peut les avoir fort bons, en les tirant des marchands Walaques qui en amènent aux Otakis, du Bougiac, de la Beſſérabie, de la Romélie, enfin, de tous ces Turcs d'Europe, qui ſont infiniment meilleurs, plus vîtes, plus grands & mieux corſés que les chevaux hongrois, & ne ſeront pas plus chers que ceux de Holſtein qu'on emploie dans la cavalerie ſaxone.

Les avantages que votre majeſté peut tirer d'un pareil corps ſont très-grands : car, quoique ce ſoit de la cavalerie légère, elle aura la ſolidité de ſes meilleurs régimens; & ſe battra bien, ſoit à pied, ſoit à cheval. Mais il ne faut pas qu'elle faſſe de ſervice dans l'armée; parceque, s'ils ſont obligés aux tentes, aux marches, & aux eſcortes, à camper en ligne, à donner aux grandes gardes, & à fourager avec l'armée, ils ne ſeront pas en état de remplir ce à quoi on les

TOME II.   D d

deſtine. Tout leur ſervice journalier ne doit conſiſter qu'en une troupe de cinquante, qu'ils doivent donner pour les promenades & les courſes du général. Mais ils doivent tous les jours avoir pluſieurs partis dehors pour battre l'eſtrade, ſelon que le général le leur indiquera : & lorſque le colonel voudra faire quelqu'entreprife, il doit en demander la permiſſion au général, & l'exécuter ſelon ſes propres lumières ; & l'on ne doit pas le gêner ſur les moyens. Bien des généraux n'entreprennent point des choſes très-faiſables, parcequ'ils croient que leur réputation eſt engagée au ſuccès, ce que l'on évite par ce moyen. C'eſt pourquoi je voudrois qu'on appellât ce régiment, *des volontaires*, qui répond à l'idée des compagnies franches. Quand l'armée marche, ils doivent marcher avec les campemens, pour battre & découvrir le pays. Si le terrein ne le permet pas, on doit leur laiſſer le choix du chemin, pourvu qu'ils ne tombent point dans la marche de l'armée ; & il vaut mieux pour eux qu'ils faſſent un détour de quelques lieues que de marcher dans l'armée.

On doit leur laiſſer le choix du terrein, pour ſe camper aux environs de l'armée, quand le

quartier-maître eſt aſſigné, celui de la proximi-
té de l'eau , du bois, des pâtures, un terrein
ſec. Toutes ces choſes font la conſervation d'un
tel régiment, & le maintient en état de rendre
de grands ſervices. S'il y a quelque bourg mu-
ré ou château, à une lieue ſur le front de l'armée, l'on peut y jetter ce régiment. Alors le
général eſt tranquille; car aucune cavalerie légère n'oſeroit venir entre ce poſte & l'armée.
L'attaquer, ſeroit une groſſe affaire ; parcequ'il
ſeroit ſoutenu auſſitôt par les piquets de l'armée :
cela ne s'entreprend point ſans s'expoſer à de
fâcheuſes ſuites, témoin l'affaire de la caſſine de
Moskolini en Italie, où le prince Alexandre de
Wirtemberg fit tuer inutilement bien d'hon
nêtes gens. Mais je tombe toujours dans les di-
greſſions ; elles viennent de l'utilité dont je crois
un pareil corps. Si votre majeſté en étoit convaincue, il ne faudroit pas qu'elle attendît le
moment de la guerre pour le former, parceque
les corps nouveaux que l'on fait de recrues n'ont
aucune conſiſtance, & que celui-ci n'en ſçauroit
avoir trop ; & ce ſeroit prodiguer de l'argent
inutilement, &c.

Le reſte de cette lettre contenoit un détail de

Les deux affaires de Colorne, 1734.

*l'armement, de l'habillement & du traitement,
que j'ai cru superflu d'ajouter à cette copie.*

Addition à la lettre précédente, dans la copie qu'en a laissée monsieur le comte de Saxe.

MA lettre fut montrée, & critiquée par tous les généraux : mais j'ai tout lieu de croire qu'elle avoit été agréable au roi, par la réponse qu'il me fit, & par la levée du régiment, qui fut commencée. Sur ces entrefaites, le roi mourut ; & l'électeur de Saxe la fit continuer. Mais, au lieu d'un que j'avois jugé suffisant, vu la proportion des troupes, on en forma deux, dont l'un fut confié à monsieur Sibeliski, & l'autre à monsieur de Milekau ; deux officiers dont la réputation n'est pas équivoque. L'on tira dans toutes les troupes des subalternes à proportion ; & les soldats de petite taille n'ayant pas pu suffire, l'on y joignit environ six cent chasseurs ; & l'on nomma ces deux régimens *chevaux-légers*. Ils ont, pour ainsi dire, fait toute la besogne en Pologne : mais l'action la plus remarquable a été celle dont je vais faire le récit.

Le palatin Tarlo étoit maréchal de la confé-

dération pour le roi Staniflas de Pologne, &
pouvoit avoir vingt-deux à vingt-trois mille
hommes des troupes de la république. Comme
la Saxe étoit médiocrement gardée, & que les
troupes faxones étoient en différens quartiers
tout le long de la Viftule, monfieur le palatin
Tarlo crut qu'il lui feroit aifé de faire une in-
vafion dans la Saxe jufqu'à Carga, où il y avoit
un pofte de cent cinquante hommes. Le prince
de Saxe-Weiffenfelds, qui jugea de fon deffein,
& qui ne crut pas les frontières de la Saxe affez
bien garnies pour l'empêcher d'entrer & d'y
caufer un défordre affreux, fit affez de diligen-
ce pour arriver à Pofen en Pologne, qui eft à
vingt-quatre lieues de Carga. Il y ramaffa à la
hâte les deux régimens de chevaux-légers, &
environ douze cent hommes de cavalerie pe-
fante, força de marche, & joignit le palatin
Tarlo, qui avoit été obligé de retarder la fienne
d'un jour pour prendre le pofte de Carga. Il l'attaqua, le défit, & le pourfuivit pendant trente
lieues. Le palatin y perdit fon canon & fes bagages : le refte fut fi bien difperfé, que le palatin ne fe fauva qu'à grande peine avec cinquante hommes à Konifberg. Cela donna le

dernier coup à la guerre de Pologne. Les douze cent chevaux faxons ne fe trouvèrent qu'au premier choc, parcequ'ils ne purent jamais joindre les chevaux légers, qui ne cefsèrent de tuer & de pourfuivre pendant deux jours : &, comme il fe faifoit des embarras dans les défilés que les Polonois étoient obligés de pafser, la tuerie y fut grande.

Les troubles pacifiés en Pologne, le roi Augufte fut obligé de renvoyer les troupes faxones dans leur pays; & ne pouvant, felon les conftitutions du royaume, garder que quatorze cent faxons pour fa garde, il donna la préférence à ces deux régimens de chevaux-légers fur le refte de fes troupes faxones. Ils furent réduits à fix cent chacun; le refte fut renvoyé en Saxe, avec les troupes faxones, & l'on y joignit deux cent gardes du corps; ce qui fait enfemble quatorze cent qui compofent actuellement fa garde. C'eft un de ces deux régimens remis à mille hommes que je propofe.

Le palatin Tarlo eft à Paris. On peut lui demander des circonftances du fait qui le regarde. A fon défaut, toute la Pologne en peut rendre témoignage.

Au mois d'avril 1740 , je propofai à la cour de France d'amener un de ces deux régimens au fervice du roi, parceque le roi de Pologne vouloit bien me le donner. Je ne demandois que vingt-cinq livres par mois, pour remonte & pour tout, depuis le colonel jufqu'au tambour, faifant à mes frais la conduite jufqu'à Landau.

PROTESTATION

DU COMTE DE SAXE

contre toute élection faite ou à faire d'un duc de Curlande à son préjudice.

Du 5 mai 1741.

NOUS, MAURICE DE SAXE, duc de Curlande & de Sémigalle, à tous ceux qui ces présentes lettres verront, SALUT. Comme il a plu à la divine providence de nous appeller à la succession éventuelle des duchés de Curlande & de Sémigalle, par le choix libre & unanime de la noblesse & des états de ces duchés, nous croirions manquer à ce que nous devons à nous-mêmes, & à l'honneur de ce choix, si nous gardions le silence dans cette conjoncture, où la même main qui avoit mis un usurpateur en notre place, se dispose, après l'en avoir fait descendre, de confirmer cette première violence par une seconde, & à la revêtir des formalités apparentes d'une élection.

La Curlande, en possession pendant plusieurs siècles du droit de choisir ses souverains dans la

personne

perfonne des grands-maîtres de l'ordre Teutoni-
que, effrayée en 1561 de la puiffance & de
l'ambition des grands-ducs de Mofcovie, jugea
à propos de fe mettre fous la protection du roi
& de la république de Pologne : elle donna
pouvoir à Gottard Kettlers, alors grand-maître,
de traiter avec Sigifmond-Augufte, roi de Pologne; & dans ce traité, il fut établi que Gottard demeureroit prince fouverain de Curlande,
fous le titre de duc; & que ce titre pafferoit, avec
la fouveraineté, à fes defcendans mâles à perpétuité.

La Curlande s'unit ainfi elle-même à la république de Pologne, mais comme fief fouverain immédiat; pour, à l'abri de cette union,
jouir de tous fes anciens droits & privilèges, &
conferver à jamais fa liberté, & la forme de fon
gouvernement. Ce traité fut confirmé par le fer-
ment folemnel de Sigifmond-Augufte, & rati-
fié par la république.

En 1726, le grand âge du duc Ferdinand,
le dernier des defcendans de Gotthard Kettlers,
fit fonger la Pologne à divifer la Curlande en
palatinats, & à la réunir immédiatement à la république. Mais les états de Curlande, juftement

TOME II.   E e

allarmés d'une réunion si contraire au traité d'u-
nion, & qui sappoit les fondemens de leur liberté & de leur religion, & menacés en même
tems, par une autre puissance aussi voisine que
redoutable, de recevoir un maître les armes à la
main, songèrent à choisir un successeur au duc
Ferdinand, pour ôter tout prétexte de violence.

La noblesse & les états de Curlande jettèrent
alors le choix sur nous; & s'étant convoqués en
diète générale à Mittaw le 5 juillet 1726, ils
nous déférèrent, par leurs suffrages unanimes, la
succession éventuelle de ces duchés. Par l'acte
le plus autentique, ils nous choisirent pour être
leur souverain après la mort du duc Ferdinand;
& par des liens mutuels & indissolubles, nous
nous donnâmes à eux comme ils se donnèrent
à nous; & le diplôme de notre élection est
peut-être, de tous les titres qu'un souverain peut
produire, le plus légitime & le plus invio-
lable.

L'honneur d'un tel choix ne nous avoit point
empêchés de voir les dangers qui y étoient atta-
chés : mais nous ne nous étions crus que plus
obligés à les partager avec des peuples qui nous
donnoient une aussi grande marque de confiance;

& nous avions lieu de croire que la Pologne, ouvrant les yeux fur fes propres intérêts, renonceroit à des prétentions mal fondées, & ne fouffriroit jamais que la Curlande reçût un maître forcément, d'une main étrangère.

L'événement fait voir tout ce que la paffion & les intérêts particuliers ont de force contre la juftice & l'intérêt général. Abandonnés par la Pologne, attaqués par la Ruffie, & plus fenfibles encore aux malheurs de la Curlande qu'aux nôtres, nous fumes obligés de céder à la néceffité, & de nous arracher malgré nous d'un pays où nous aurions verfé tout notre fang, fi nous avions pu le faire avec la moindre utilité : mais ce ne fut qu'après que les états de Curlande eurent confirmé dans une feconde diète le diplôme de notre élection, feule & dernière preuve qu'ils pouvoient donner à l'Europe de la liberté de leur premier choix, & à nous de la conftance de leur affection & de leur attachement.

Il ne nous reftoit que la voie des proteftations, unique recours des foibles, contre l'élection forcée qui fut faite enfuite, & arrachée des Curlandois par les Ruffes à main armée : mais cette voie même nous fut fermée par la puiffance de nos ennemis. Les perfonnes que nous envoyâmes pour protefter contre l'élection violente du comte de Biron, furent écartées ou enlevées : & il ne nous refta pas même la faculté de faire entendre nos repréfentations.

Comme ce feroit autorifer en quelque manière l'injuftice qui nous a été faite, & qu'on veut aujourd'hui confirmer par une autre, fi nous gardions le filence ; ce feroit manquer auffi à ce que nous devons à nous-mêmes, & à l'acte folemnel qui nous lie pour jamais à la Curlande , & qui lie la Curlande à nous : ce feroit renoncer au plus légitime de tous les titres, qu'aucun confentement extorqué ne peut anéantir, & qu'aucun laps de tems ne fçauroit prefcrire.

C'eft pour ces caufes, qu'en attendant qu'il plaife à dieu nous faire rendre la juftice qui nous eft due, nous proteftons ici, à la face de toute la terre, contre toute élection faite ou à faire d'un duc de Curlande à notre préjudice, comme étant nulle de plein droit. Nous déclarons enfin que nos ennemis feront feuls refponfables devant dieu de la violence qu'ils font à la Curlande & à nous : & nous réfervant tous nos droits, qui fub-

fiſtent, & qui ſubſiſteront à jamais dans leur entier, nous avons appoſé à ces préſentes le ſceau
de nos armes, & joint le diplôme de notre élection, pour le tout être publié par-tout où beſoin
fera. Fait à Paris, ce 5 mai 1741.

Signé, MAURICE DE SAXE.

Et plus bas, DE PAULI.

L E T T R E

DU COMTE DE SAXE, AU CHEVALIER FOLARD,

dans laquelle il lui fait part des lettres de l'élec-
teur de Bavière, & des réponses qu'il avoit
faites à ce prince, concernant l'entreprise sur
Prague.

Du 28 novembre 1741.

MON CHER CHEVALIER,

ON ne peut que s'instruire, en s'entretenant
avec vous des choses de la guerre; & personne
ne traite cette matière dans le sublime, comme
vous. Votre dernière lettre m'a fait grand plai-
sir. Je vais continuer à vous informer de ce que
nous avons fait.

Je suis arrivé le 18 novembre, avec ma ré-
serve, de Conigsaal où j'ai conduit du Danube
l'électeur de Bavière. Le 20, les Saxons nous
ont joint au nombre de vingt mille hommes des
plus belles & des plus lestes troupes. Le corps
de monsieur de Gassion se rendit aussi le même
jour devant Prague. De manière que j'étois à la

droite, monfieur de Gaffion au centre où l'électeur s'eft rendu, & les Saxons à la gauche. L'artillerie faxone, pour le fiége, eft reftée douze
lieues derrière, à Boudine, faute de chevaux
pour l'amener. Les premiers jours fe font paffés
à reconnoître la place. Le 22, j'écrivis la lettre
fuivante à l'électeur.

MONSEIGNEUR,

» JE fuis revenu ici à deux heures du camp «
des Saxons, où votre alteffe électorale m'avoit «
envoyé, & où j'ai paffé la nuit avec cinq cent «
grenadiers & quatre bataillons, à deux cent «
toifes de la paliffade, pour attendre le moment «
que l'attaque feroit commencée fur la droite «
par les troupes françoifes. Votre alteffe électo- «
rale m'avoit fait l'honneur de me le dire ; & «
je ne me fuis retiré que lorfque l'arrivée du jour «
ne me laiffoit aucune efpérance fur cette en- «
treprife. L'on m'a remis, à mon arrivée, la lettre «
que votre alteffe électorale m'a fait l'honneur «
de m'écrire, & où elle m'ordonne de faire un «
détachement de mille maîtres, fix cent dra- «
gons, & cinq à fix cent fantaffins avec quelques «

» huſſards, pour paſſer la rivière de Muldau, &
» faire rentrer quelques cent mille rations de
» fourages, pour en faire un magaſin à Conig-
» ſaal. J'obéirai à vos ordres, monſeigneur. Mais
» mon pont ſur la Muldau n'eſt point établi, &
» je courrois riſque de perdre ces troupes, ſi el-
» les étoient pouſſées; d'autant plus qu'il pourroit
» ſe faire que l'avant-garde de M. Neuperg ſeroit
» demain à notre hauteur. Ainſi, ſans expoſer
» ce corps à un danger apparent, je ne puis l'en-
» voyer de l'autre côté de la rivière : ſi les en-
» nemis y ſont, ils ſeront ſupérieurs, & je ne
» ferai rien rentrer des fourages demandés; &
» s'ils n'y ſont pas, un détachement de trois cent
» chevaux, qui a paſſé aujourd'hui avec mon-
» ſieur de Beauvau , fera venir les habitans à
» l'obéiſſance, autant que les voitures du pays
» pourront fournir à amener des fourages. Sur
» quoi toutefois votre alteſſe électorale ne doit
» pas douter : car elles ſont toutes occupées au
» tranſport deſdits fourages, & à peine ai-je pu
» aſſembler de quoi fournir à notre ſubſiſtance &
» à celle des fourages.

 » Je ne veux pas entretenir votre alteſſe élec-
» torale des autres inconvéniens qui ſe trouvent
à faire

à faire ce détachement là : & je prendrai la li- «
berté de paſſer tout d'un coup à un plus grand «
détail ſur notre ſituation. «

Votre alteſſe électorale aura la bonté de ſe «
ſouvenir, qu'étant à ſaint Polten, je pris la li- «
berté de lui dire qu'il falloit ſe mettre à che- «
val ſur le Danube, à Creins, & y fortifier les «
deux côtés du pont qui y étoit etabli : que, par «
ce moyen, nous empêcherions monſieur de «
Neuperg de ſe porter au poſte important de «
Tabor & à Prague ; ce qui faciliteroit au corps «
de monſieur de Gaſſion & aux Saxons de faire «
le ſiége de cette ville, ſans que les ennemis «
oſaſſent y apporter le moindre obſtacle ; & «
que, par cette poſition, elle conſerveroit la «
conquête qu'elle venoit de faire de la haute «
Autriche. «

Votre alteſſe électorale a jugé à propos de «
ſe retirer des environs de Vienne, & de ſe ren- «
dre à Budweiſſ & de-là à Prague. Elle ſe reſ- «
ſouviendra comme j'ai combattu cette der- «
nière démarche ; & combien j'ai inſiſté pour «
qu'elle ſe portât ſur Tabor, pour y établir les «
poſitions. Vous vous êtes preſſé, monſeigneur, «
de venir devant Prague : vous n'avez pas re- «

TOME II.   F f

» connu les lieux par vous-même ; & on a aban-
» donné ce poſte, ſans néceſſité, qui eſt d'une ſi
» grande importance, que la perte de la haute
» Autriche s'enſuivra, & que nous manquerons
» la conquête de la Bohème, ſi, par une con-
» duite prompte, ferme & convenable, on ne
» répare cette faute.

»   Nous avons ici près de quarante mille hom-
» mes. Il faut demain jetter nos ponts ſur la
» Muldau, & marcher au-devant des ennemis
» qui s'avancent vers Prague. Avec un tel corps,
» nous ne devons rien redouter, & nous pouvons
» prendre des poſitions qui nous donneront tout
» le tems d'attendre le corps de monſieur de
» Leuville, & les Bavarois qui ſeront ici dans ſix
» jours: & alors nous ſerons ſupérieurs aux en-
» nemis en nombre, & ſans doute en qualité de
» troupes. La priſe de Prague, celle de la Bo-
» hème, la conſervation de la haute Autriche,
» & celle de ſes propres états & de l'armée,
» ſeront une ſuite de cette démarche. Et j'o-
» ſe l'aſſurer que, ſi elle diffère de prendre
» ce parti, le manque de ſubſiſtance l'obli-
» gera bientôt d'abandonner la Bohème & de ſe
» retirer dans la Bavière, où le même défaut

de fubfiftance fera périr les troupes françoifes «
& les fiennes.   «

Pardonnez, monfeigneur, fi j'ofe prendre «
la liberté de vous faire ces repréfentations : «
mais je les ai cru néceffaires, parcequ'il m'a «
paru qu'on inclinoit à fe retrancher & à gar- «
der la Muldau ; qui eft ce qui peut nous arri- «
ver de plus fatal.   «

Je fuis avec refpect, &c. «

Le 24, dans la nuit, fon alteffe électorale
m'envoya l'ordre fuivant.

Monfieur le comte de Saxe aura la bonté de paf-
fer demain la Muldau, le plus matin qu'il lui fe-
ra poffible, pour fe pofter jufqu'où il croira pouvoir
le faire avec prudence : & enfuite, il tâchera d'a-
voir des nouvelles de l'ennemi, & de les faire paf-
fer à fon alteffe électorale, autant qu'il lui fera
poffible. Il tâchera auffi de faire raffembler & pouf-
fer des fourages, grains & farines, au pont de Ko-
nigsaal, de même que la quantité de bœufs ci-jointe.

Il prendra avec lui toute la cavalerie & les
dragons qui font à fes ordres, c'eft-à-dire, tout
ce qui fera bien en état de marcher. Il laiffera les
tentes, les équipages & les étendards. Il trouvera

F f ij

sept cent hommes d'infanterie commandés pour le suivre, dont quatre compagnies de grenadiers & cinq cent soldats, lesquels seront rendus au pont, vis-à-vis du camp de monsieur de Tessé, à neuf heures du matin, pour attendre ses ordres. Il fera donner le pain pour quatre jours à sa cavalerie & à ses dragons; &, s'il n'étoit pas en état de le faire fournir, il en feroit donner avis à monsieur de Séchelles, qui y suppléera.

Il emménera avec lui un des deux maréchaux de camp, & restera au-delà de la Muldau, & le plus en avant qu'il le pourra, sans se commettre. Il passera aussi demain un détachement de douze cent chevaux, & quelque infanterie saxone, qui s'avanceront plus ou moins par le grand chemin, vers le collin de Cuttemberg. Monsieur le comte de Saxe aura la bonté de se concerter, & de donner de ses nouvelles à celui qui commandera ledit détachement, afin de pouvoir se couvrir, en cas de besoin.

Les hussards devant arriver demain ou après, ils iront joindre le détachement saxon, dont il en sera détaché deux cent pour aller joindre celui de monsieur le comte de Saxe. On envoye un double du présent ordre à monsieur le comte Rudovvski, *pour qu'il se conforme, de son côté, aux mesures prises.*

Cet ordre étoit accompagné d'une lettre de monsieur de Séchelles, avec un détail pour les subsistances & fourages. Voici la réponse que je lui fis.

» J'AI reçu, monsieur, la lettre que vous «
m'avez fait l'honneur de m'écrire. J'enverrai «
votre mandement. Mais vous auriez dû me «
donner un de vos commissaires. Car je vous «
avoue franchement que je n'entends rien à cette «
besogne-là, sur-tout quand il est question de «
manœuvrer & de voir les ennemis ; ce qui ar- «
rivera vraisemblablement demain, ou après. «
Chacun a son talent. Je ne sçaurois me persua- «
der que le principal de ma mission soit de faire «
contribuer le pays : le soin d'empêcher que «
les ennemis ne jettent du secours dans Prague, «
d'arrêter leurs premières troupes pour les obli- «
ger à se rassembler, & nous donner le tems «
de prendre cette place, me paroît plus essen- «
tiel, & occupera mon peu de capacité. «

Si, à la faveur de mon expédition, l'on pou- «
voit faire rentrer les bleds & les bestiaux que «

» vous defirez, je crois que ce feroit un avanta-
» ge ; mais la fituation eft trop critique pour
» m'en pouvoir occuper, & faire des démarches
» en conféquence. Ainfi ayez la bonté d'en-
» voyer avec moi un commiffaire entendu, fur
» qui cela roule. Faites-mieux : prenez Prague,
» & vous aurez tout en abondance.
»   J'ai l'honneur d'être, &c. «

Je paffai le 25 au matin le pont de la Muldau, entre Konigfaal & Prague, avec douze
troupes de dragons, feize de carabiniers, douze
de cavalerie, quatre compagnies de grenadiers,
& huit cent hommes d'infanterie. Dès que j'eus
paffé le pont, je reçus un avis que quatorze mille
hommes des troupes de la reine de Hongrie
forçoient de marche, & devoient entrer dans
Prague le lendemain 26, & qu'ils étoient fuivis
de toute l'armée des ennemis. Je pris fur le champ
mon parti, & j'écrivis le billet fuivant à l'électeur.

Monseigneur,

» Je viens d'apprendre que l'on doit jetter de-
» main quatorze mille hommes dans la place. Il

ne nous refte d'autre reffource que d'attaquer «
Prague de vive force. Les deux mille hom- «
mes de garnifon qui y font ne peuvent fuffire «
pour réfifter à nos efforts, fi nous l'attaquons «
par quatre côtés; & la bourgeoifie armée, «
quoique très-nombreufe, ne doit pas nous ef- «
frayer. Ainfi, fi votre alteffe électorale veut faire «
faire deux attaques aux Saxons, l'une de leur «
côté, & l'autre par le détachement qu'ils ont «
pouffé au-delà de la Muldau, & que je fup- «
pofe paffer dans le moment que je paffe, j'en «
ferai une de mon côté, & le corps de mon- «
fieur de Gaffion fera la quatrième. Si la chofe «
ne convient pas à votre alteffe électorale, je «
marcherai au-devant des troupes de la reine «
de Hongrie : & alors que je ferai pouffé, je me «
retirerai, en laiffant Prague fur ma gauche, «
vers le pont des Saxons; parcequ'il ne me fe- «
ra plus poffible de repaffer fur le pont qui eft «
entre Konigfaal & Prague. Il faut faire avertir «
les Saxons de ne point trop s'éloigner, parce- «
qu'ils pourroient être coupés par le corps des «
ennemis qui me fuivra. «

Je fuis, avec refpect, &c. «

En conféquence, je marchai à Kungratiz, &
delà j'arrivai à deux heures après midi devant
Prague, pour reconnoître où je ferois mon attaque. A peine m'avoit-on tiré quelques volées
de canon, que je reçus ce billet de l'électeur.

Je remets à vous répondre plus en détail, mon-
fieur. Je me bornerai à vous avertir que le pont
des Saxons ne pourra être fait ni aujourd'hui ni
demain; peut-être le fera-t-il ce foir : mais le plus
fûr eft de n'y compter qu'après demain 27. Je fuis,
avec la plus parfaite eftime, monfieur, tout à
vous.

Je répondis fur le champ ce qui fuit :

MONSEIGNEUR,

» Puifque le pont des Saxons n'eft point fait,
» & qu'il ne peut l'être que demain, je marche
» au-devant des ennemis fur le chemin de Ta-
» bor, pour les arrêter le plus qu'il me fera pof-
» fible. Il fait fi froid, que la plume m'échappe
» des' doigts, & que fon alteffe électorale aura
» de la peine à lire mon écriture : je lui fais mes
» excufes, & fuis, avec refpect, &c.

Sur

Sur le champ, je renvoyai monfieur de Mirepoix avec mille hommes d'infanterie au pont de la Muldau, que j'avois paffé, avec ordre de fe retrancher fur une hauteur qui fe trouve vis-à-vis la tête de ce pont; dans l'intention que, lorfque je ferois pouffé, je puffe m'y retirer, & paffer la rivière à la faveur du feu de cette infanterie. Je retournai avec ma cavalerie à Kundratitz, que j'avois reconnu pour un affez bon pofte de cavalerie, pour y paffer la nuit, pouvant appuyer ma droite & ma gauche à des ravins; & je pouffai des partis en avant. A fix heures du foir, je reçus l'ordre qui fuit de l'électeur.

Le pont des Saxons n'étant pas fait, monfieur le comte de Saxe ne peut pas s'y replier. Nous efpérons faire une véritable attaque à la porte de Cartfthor, & de l'emporter : au cas qu'elle ne réuffiffe pas, elle paffera pour une fauffe attaque. On fera défiler à la nuit dans les défilés, à portée pour pouvoir commencer l'attaque fur les deux ou trois heures du matin : mais nous attendrons que la fauffe attaque des François foit commencée une heure devant, de même que celle du comte de Saxe,

TOME II.   G g

pour qu'on attire la plupart de la garnison vers ce côté là : car, du côté de Cartsthor, il y a mille hommes de piquet toutes les nuits. Ainsi il faudroit que, par les fausses attaques, on attirât tout vers ce côté là.

Au bas du billet étoit :

Je vous prie, monsieur, de vous conformer à ceci ; & d'attaquer, soit à faux ou véritablement, selon que vous le jugerez à propos, avec espérance de réussir ; & par conséquent, sans exposer mal-à-propos les troupes. A une heure après minuit, nous ferons de même ici.

Je fis sur le champ rappeller monsieur de Mirepoix. Je fis ramasser quelques échelles, & fis accommoder deux poutres avec des cordes, pour servir de béliers. Monsieur de Mirepoix arriva avec les mille hommes d'infanterie, & nous marchâmes sur le champ vers Prague.

Comme la partie que j'avois commencé à reconnoître étoit trop forte, étant la citadelle, je coulai tout du long jusqu'au Neuthor, qui est la seconde porte en-delà de la basse Muldau. Je fis ma disposition en marchant : & lorsque j'approchai de la ville, j'entendis l'attaque de monſieur de Gaſſion. Il pouvoit être une heure après minuit. Je fis halte : &, pendant qu'on diſtribuoit les échelles, la poudre & les balles, je m'avançai avec monſieur de Chevert, lieutenant colonel de Beauce, pour reconnoître où nous ferions l'attaque. Je me coulois dans le foſſé, qui n'avoit point de revêtement de ce côté-là. Je trouvai, auprès de Neuthor, un baſtion qui avoit bien trente-cinq pieds de haut, revêtu en briques, un ravelin ſur la courtine, avec deux ponts-levis. Vis-à-vis, étoit une eſpèce de platte-forme, formée par les gravois & les fumiers de la ville, qui étoit à peu près au niveau du rempart. Comme le tems me preſſoit, l'attaque de monſieur de Gaſſion étant déjà finie, je n'eus pas le tems de reconnoître la place plus loin : & comme nos échelles étoient aſſez longues pour atteindre au cordon, je réſolus de planter l'eſcalade dans le flanc du baſtion du polygone, à côté de celui où étoit la porte de la ville. Je dis à monſieur de Chevert que je le ferois ſoutenir par un feu de protection de la platte-forme vis-à-vis, & qu'en même-tems j'attaquerois le pont-levis & le ravelin. Nous retournâmes aux troupes. Tout cela ſe fit dans un

G g ij

fi grand filence, que les fentinelles ne nous apperçurent pas. J'avois fait mettre pied à terre à
fix cent dragons & à quatre cent carabiniers. Il
me reftoit vingt troupes de cavalerie que je fis
avancer fur la chauffée, pour les lâcher dans la
ville au moment que j'aurois forcé la porte.

Les échelles furent diftribuées aux premiers
grenadiers. J'ordonnai au premier fergent d'y
monter avec huit grenadiers, & de ne point tirer, quelque chofe qui arrivât; mais de poi-
gnarder les fentinelles, s'ils pouvoient les fur-
prendre, & de fe défendre à coups de baïonette,
s'ils trouvoient de la réfiftance fur le rempart.
Chevert, avec les quatre capitaines de grenadiers, devoit fuivre ce fergent; enfuite, les quatre compagnies de grenadiers, fuivies de quatre
troupes de dragons, & celles-là de quatre piquets
d'infanterie ; ce qui fut exécuté. Le fergent y
monta, & les fentinelles ne s'en apperçurent
qu'au moment qu'il fut fur le rempart. Alors
le carillon commença. Les ennemis vinrent à
la charge, tirèrent beaucoup, & croisèrent la
baïonette avec nos grenadiers. Mais ceux-ci ne
fe défendoient qu'à grands coups de baïonet-
tes, & tinrent bon jufqu'à ce que monfieur

de Chevert fut monté, qui fut bientôt fuivi des quatre compagnies de grenadiers, & par ceux qui devoient le fuivre. Mais, comme on fe preffoit de monter fur les échelles, & qu'elles ne pouvoient fupporter le poids de tant d'hommes, il en rompit beaucoup; ce qui penfa tout déconcerter. J'envoyai un officier pour mettre ordre à cette efcalade; & je me preffois d'arriver au pont & à la porte, avec les huit troupes de dragons qui avoient fervi au feu de protection, & les huit troupes de carabiniers. J'ordonnai qu'on mît à leur place les quatorze piquets d'infanterie qui reftoient, pour faire le feu de protection. Dans le moment que j'étois dans le ravelin, que je m'avançois vers la porte, Chevert avoit forcé le corps de garde par derrière, & m'abattit le pont-levis. Celui qui conduifoit au ravelin fut abattu au même moment; & je fis entrer à toutes jambes les vingt troupes de cavalerie, pour fe jetter dans les rues. J'avois ordonné aux officiers de caffer la tête à tout cavalier qui mettroit pied à terre pour piller, & de faire fabrer tous nos foldats d'infanterie qu'ils trouveroient épars. J'en avois averti l'infanterie, les dragons & carabiniers, que j'avois fait mettre pied à terre, pour empêcher le défordre & le pillage.

Ainfi nous entrâmes dans la ville. D'abord que les premières troupes eurent crié *vive le roi*, l'attaque des Saxons commença par un grand feu de part & d'autre. Je laiffai huit troupes de dragons à la porte; & fis loger les piquets dans les maifons voifines. Je jettai fur le rempart deux troupes de dragons de chaque côté, pour affurer mes flancs; & je marchai, avec quatre compagnies de grenadiers & la cavalerie, droit au pont de Prague, pour favorifer l'entrée aux Saxons, dont l'attaque duroit toujours avec grande vivacité. En arrivant à la maifon de ville, j'y trouvai le magiftrat, qui me préfenta les clefs de la ville : un moment après, vint un aide-de-camp du maréchal Ogilfi, qui me dit qu'il fe rendoit mon prifonnier. Je m'avançai au pont, & je m'en affurai. Après quoi, je me rendis chez le maréchal Ogilfi, où, après avoir demandé à boire parceque je mourois de foif, & fait les premières civilités, je lui demandai un ordre pour le commandant de la citadelle, qu'il me donna. Sur le champ, je la fis occuper; & peu de momens après, les Saxons y entrèrent.

Prague eſt une des grandes villes de l'Europe ; elle contient ſept villes, & peut avoir une lieue & demie de traverſe. Il faut, pour la défendre, plus de vingt bataillons. La garniſon conſiſtoit en deux mille hommes & ſix mille bourgeois armés. Elle a été priſe le même jour que mon grand père la prit en 1640. Il n'y a point d'exemples qu'une ville ait été emportée par les François la nuit, & l'épée à la main, ſans pillage. Voilà une trop longue lettre, mon cher chevalier ; mais il a fallu vous tout compter.

Signé, MAURICE DE SAXE.

P O S T - S C R I P T U M.

Je reçois, dans le moment, l'ordre ci-joint de l'électeur, qui vous fait voir que j'étois bien inſtruit du mouvement & des deſſeins des ennemis, & qu'il n'y avoit pas de tems à perdre.

Vous partirez, monſieur, demain matin à la pointe du jour, avec votre détachement. Il eſt néceſſaire que vous ſçachiez, pour votre inſtruction, que le gros corps de l'armée ennemie étoit aujourd'hui à Forchiez, Dueſpech & Beverſchau, où étoit le duc de Lorraine ; qu'ils ont pouſſé en avant trois mille

Croates & quelque peu de cavalerie, qui devoient se jetter dans Prague, le jour même que nous l'avons emportée. Ainsi vous pouvez prendre vos mesures pour ne pas courir risque d'être coupé. En faisant occuper quelque poste par votre infanterie, vous pourrez toujours vous replier sur elle. Je suis, avec la plus parfaite estime, monsieur, tout à vous.

LETTRE

LETTRE

DU COMTE DE SAXE,

AU MARÉCHAL DE BROGLIO,

1742.

MONSIEUR,

QUOIQUE mes avis n'aient point prévalu, je fuis trop attaché au fervice du roi, pour garder le filence dans la conjoncture préfente. L'idée d'aller fur l'Inn eft une chimère. L'Inn n'eft point une rivière que l'on puiffe paffer à la vue de vingt mille hommes qui n'ont que douze lieues de pays à garder. Le refte des ennemis remettroit le blocus devant Prague; & notre brave armée, qui y eft, feroit prife. Je ne fçaurois vaincre la douleur que me caufe une idée fi affligeante. D'ailleurs, tous nos chevaux font hors d'état d'aller, & l'armée périra de fatigue, furtout dans une faifon auffi avancée que celle où nous fommes.

Il y auroit une pofition à prendre : ce feroit

TOME II.   H h

de cantonner derrière Nàab ; la droite de notre
armée au Danube, le quartier général à Amberg,
& la gauche tirant vers Egra. Vous pouvez tirer
vos subsistances par le Danube, Nuremberg &
la Franconie. Les ennemis ne peuvent s'établir
entre la Bohème & le Nàab, parceque le pays
est trop pauvre pour qu'ils y puissent vivre. Ils
feront donc obligés de subsister dans la Bohème, à une distance suffisante pour que vous puis-
siez être averti à tems de leurs mouvemens. Vous
conservez ainsi une position qui en impose à
toute l'Allemagne. L'événement de la guerre
n'est point décidé, & tient tous les esprits en
suspens. Enfin, si le roi veut que son armée se
rapproche du Rhin, on a le tems de faire des
magasins, des arrangemens, & des marches sur
plusieurs colonnes, par cantonnement. Les
princes d'Allemagne peuvent exiger de la reine de Hongrie, que son armée ne suive point
la nôtre, pour éviter la ruine de leur pays ; ce
qui conservera nos troupes, & les mettra en
état d'ariver en bon ordre sur le Rhin. Sans
ces précautions, nous ferons obligés de camper & de fourager. Nous réveillerons les habitans des pays par lesquels nous passerons, &

nous perdrons notre armée. Voilà ce que j'ai cru de mon devoir de vous repréſenter. J'ai l'honneur d'être, avec reſpect, &c.

Signé, MAURICE DE SAXE.

L E T T R E

DU COMTE DE SAXE, AU CHEVALIER FOLARD,

De Deckendorff, le 28 décembre 1742.

IL y a bien longtems que je ne vous ai écrit, mon cher chevalier. Il y a longtems aussi que je n'ai reçu de vos lettres : mais c'est ma faute, & je vous l'avoue. J'ai été dans un mouvement continuel, & je me suis nourri de couleuvres. Je n'aime pas à vous écrire des misères. Mon ame est trop franche & trop sincère, pour qu'elle ne coule pas par ma plume sur le papier, quand je m'entretiens avec vous; & comme il est plus aisé de s'abstenir que de se contenir, je ne vous ai point écrit. Où êtes-vous ? Dans votre dernière lettre, vous m'écriviez que vous alliez à Avignon. Estes-vous resté à Paris ? & cette lettre vous y trouvera-t-elle encore ? Je suis à la gauche du Danube, & je commande en cette partie, depuis que notre armée a passé le Danube à Staracnhot. J'ai obligé les ennemis à quitter Oberaltac, & puis ce poste ici. Il est arrivé quelque chose d'assez plaisant dans cette manœuvre.

Comme je fçavois que les ennemis avoient des huffards & quelqu'infanterie légère, entre Oberaltac & ici, qui occupoient les paffages & les défilés ; comme ces poftes étoient foibles, j'ai jugé qu'ils ne les avoient entr'eux & moi, que pour être avertis de ma venue, & qu'ils les vuideroient à mon arrivée. En conféquence, j'ai raffemblé affez de batteaux à Straubingen pour y embarquer onze bataillons, afin de me laiffer aller au courant du Danube, de paffer tous leurs poftes, & de débarquer au-deffous de Deckendorf; afin de couper la retraite à deux bataillons qui y étoient, & afin que rien ne pût fe fauver. J'avois envoyé le vingt-quatre du mois paffé différens partis tout du long du Régem, avec ordre de fe rapprocher du Danube le deux de ce mois. Je m'embarquai le deux, & j'envoyai ma cavalerie avec quelque peu d'infanterie pour attaquer les poftes que les ennemis avoient le long du Danube à différens défilés, afin d'attirer leur attention de ce côté-là. Pendant ce tems, je me laiffai defcendre au courant, & la garnifon de Deckendorf n'en fut avertie que lorfqu'elle me vit; & j'aurois complettement réuffi, s'il n'étoit arrivé un accident à un batteau chargé de quatre compagnies de grenadiers, qui fe creva fur une fouche; ce qui nous arrêta une heure, & a fait que nous ne fommes arrivés à Deckendorf que comme le jour finiffoit. Et comme il fubfifte encore dans la rivière des piles d'un pont que j'ai fait brûler cet été, je n'ai ofé hafarder d'y paffer dans l'obfcurité avec cette flotte chargée de troupes : j'ai été obligé de débarquer au-deffus, ce qui a donné le tems à la garnifon de fortir en confufion; mais ils ont laiffé tous leurs équipages. Nous y avons fait quelque cent prifonniers, & les grenadiers fe font affez joliment mis en vaiffelle d'argent. Ce n'eft pas tout : ce pofte fervoit à couvrir des dépôts que les ennemis avoient tout le long du Danube, & que les mauvais chemins leur avoient empêché de traîner avec eux dans leur marche en venant de Bohème. Tous ces dépôts, tous ces poftes, tous les équipages à qui ils fervoient d'efcorte, ont été effrayés de mes batteaux, & de cette manière prompte de voyager. Ils ont tous abandonné les rives du Danube, pour fe jetter dans la montagne, où ils font tombés dans les griffes de mes partis. Nous avons pris, dans un endroit, deux cent cinquante chariots & caiffons ; dans un autre, 150000 rations de bifcuit; dans un troifième, un pont fur haquet; dans un quatriè- me enfin, mille tonneaux de farine, des prifon- niers par-tout; & enfin, tout le pays entre-ci & Paffau a été nétoyé en deux jours. Ce n'eft pas en- core tout, mon cher chevalier; les ennemis avoient tiré tout le canon de Paffau, & l'avoient fait remonter l'Inn, pour faire le fiége de Bru- neau. Ils l'ont renvoyé au plus vîte à Paffau, & y ont jetté une garnifon; car ils n'y avoient laif- fé que fix cent hommes. Voilà une bonne plai- fanterie que je leur ai faite là: je fuis fûr que cela vous réjouira. Ils m'ont renvoyé depuis deux mille hommes à Gravenau, à qui j'irai donner l'aubade un de ces jours, quand la rigueur du froid fera un peu tempérée. Adieu, mon cher chevalier. Aimez-moi toujours un peu, & foyez perfuadé de ma tendreffe pour vous.

Signé, MAURICE DE SAXE.

LETTRE

DU MARÉCHAL COMTE DE SAXE, AU CHEVALIER FOLARD.

Du camp fous Courtrai, le 11 août 1744.

J'AI reçu, mon cher chevalier, la lettre que vous m'avez fait l'honneur de m'écrire le 11 de ce mois. Les marques de votre fouvenir me flattent infiniment; & je m'eftimerois heureux de vous avoir avec moi : mais vous fçavez, mon cher chevalier, que ces chofes ne dépendent pas de nous. Je voudrois bien avoir dans mon armée plufieurs officiers (fi cela fe pouvoit) tels que celui qui défendit la caffine de Mafcoliny, & je vous affure que j'en ferois grand cas.

Les ennemis ont eu intention de m'attaquer ici : mais, ayant fçu que j'avois fait regratter les anciennes fortifications, & mis quelques paliffades au corps de la place, avec des barrières aux portes, ils fe font ravifés. Ils ont fait affez habilement une démarche fort imprudente en marchant par leur gauche &

me

me prêtant le flanc entre une rivière & moi, je veux dire l'Efcaut. J'en fus avertis le foir ; & m'étant mis en marche à la pointe du jour pour les couper en deux, j'appris, au pont de pierre, à fept heures du matin, qu'ils avoient fini de paffer le ruiffeau à fix, ayant marché toute la nuit. Ils font allés camper dans la plaine de Cizoint. J'ai pourvu Lille de tout ce qu'il faut pour une bonne défenfe ; & je fuis refté ici, les foupçonnant de vouloir m'obliger à rentrer fur nos terreins, pour que je ne mange plus le leur. J'ai envoyé monfieur Duchaila avec vingt-trois efcadrons fous Lille ; & j'ai fait avancer fous Douai monfieur le comte d'Eftrées, qui étoit à Maubeuge avec dix-huit, pour les tenir en bride, & les empêcher de paffer avec des détachemens l'Efcarpe & la Deulle pour faire des courfes. Ce moyen m'a réuffi jufqu'à préfent : Aucune de leurs troupes n'a paffé ces deux rivières, de crainte d'être coupée par ces deux corps.

Il y a huit jours que nous fommes dans ces pofitions. Je ne fçais par où cela finira. Ils ne fçauroient aller plus loin, & me laiffer entre leurs fours, qui font à Tournes, & eux. Je fubfifte pendant ce tems-là dans leur pays ; &

TOME II.   Ii

il me femble que cette défenfive n'eft pas trop mal.

Adieu, mon cher chevalier. Je vous embraffe de tout mon cœur : honorez-moi quelquefois de vos lettres.

Signé, Maurice de Saxe.

L E T T R E

DU MARÉCHAL COMTE DE SAXE,

A MONSIEUR LE COMTE D'ARGENSON,

au sujet des différens exercices militaires dont le roi l'avoit chargé d'aller voir l'exécution à l'hôtel royal des invalides.

De Paris, le 25 février 1750.

CONFORMÉMENT aux intentions de sa majesté, que vous m'avez fait sçavoir, Monsieur, je me suis rendu aux invalides; & j'y ai vu faire l'exercice aux différens détachemens qui y étoient assemblés.

Le détachement des gardes, que monsieur de Bombelles a dressé, est celui qui marche le mieux, & dont l'exercice a le plus de grace. L'exercice de monsieur le comte de Maillebois me plaît infiniment : Il a une méthode de faire amorcer les armes, qui, à ce que je crois, sera bientôt imitée de plusieurs, parcequ'elle évite un mouvement fort embarrassant, lorsqu'on a

Ii ij

la baïonette au bout du fusil ; & quelque changement que l'on fasse à l'exercice, on ne sçauroit rien faire de mieux que d'en retrancher l'an-
cienne méthode d'amorcer, pour lui substituer
celle-ci.

Le détachement qu'a dressé le duc de Broglio
est une copie de l'exercice prussien : on ne sçauroit admettre les gibernes & les poulverins qu'a
ce détachement, lorsqu'on voudra faire un changement dans cette infanterie. Je ne parle point
pour faire porter l'épée en couteau de chasse.
La méthode de monsieur de Bombelles est celle
de toute notre infanterie, la meilleure & la moins
embarrassante.

Alsace a le véritable exercice prussien : mais
c'est un abus de croire qu'il faut des fusils
courts pour l'exécuter ; les nôtres sont beaux &
bons.

L'exercice de Beauvoisis est fort leste & très-
bien exécuté. Mais, de vous dire, monsieur,
quel est le meilleur, c'est une question très-im-
portante à décider. Cette partie, à laquelle on
ne fait qu'une médiocre attention en France,
fait depuis bien des années la méditation & l'application des plus habiles militaires de l'Europe.

On ne fçauroit difconvenir que les fuccès des Pruffiens contre des troupes qui, depuis cinquante ans, n'ont ceffé de faire la guerre, & que l'on regardoit comme bonnes, ne peuvent s'attribuer qu'à cette application, & à l'excellence de leur difcipline & de leurs exercices.

Ce n'eft donc pas une chofe indifférente que le choix de l'exercice. On y a travaillé, en Pruffe, l'efpace de quarante années avec une application fans relâche : c'eft à cette partie qu'a été employé le règne de deux rois, dont la plus grande attention s'eft toujours portée fur le militaire : en quoi ils ont été puiffamment aidés par des généraux habiles, qu'aucun objet de fortune ou de plaifirs ne diftrait des fonctions dont ils font chargés.

Les différens mouvemens d'exercice que l'on fait à rangs & files ouvertes, font relatifs à la manière de charger, lorfque les bataillons font à rangs & files ferrées, ce qui eft la pofition qu'ils doivent avoir, lorfqu'ils font formés pour charger. A l'exercice de revue & de parade, les officiers doivent être tous fur le front du bataillon ; & alors les files & les rangs font ouverts :

mais lorfqu'ils font ferrés à la pointe de l'épée, les officiers doivent être dans les rangs, & un feul officier doit fe trouver devant le bataillon.

Dans le fecond point de la lettre que vous m'avez fait l'honneur de m'écrire, il s'agit de fçavoir fi l'on doit mettre les officiers dans les rangs, ou fur le front du bataillon? Il eft certain que nous perdrons toujours, par le feu de nos propres foldats, une grande quantité de nos officiers, lorfqu'ils feront fur le front du bataillon; & fur-tout dans les premières affaires, après une longue paix. En fecond lieu, lorfque les officiers ne font pas partagés dans les rangs, ils ne s'occupent pas de leurs fections; les majors, ou ceux qui commandent, ne fçauroient diftinguer les fections, parcequ'elles ne font pas marquées par l'efponton : & lorfqu'elles fe font mêlées par le mouvement, ou par l'inégalité du terrein, ceux qui commandent ne fçauroient voir tout d'un coup où eft le défaut. De plus, les officiers fubalternes ne font pas fi bien maîtres de leurs foldats, & ne peuvent les empêcher de tirer ; ce qui eft un point de la plus grande conféquence : car toute troupe qui a tiré en

préfence de l'ennemi eſt une troupe défaite,
ſi celle qui lui eſt oppoſée conſerve ſon feu. Et
c'eſt la raiſon pour laquelle les gens entendus
font porter aux ſoldats le fuſil ſur l'épaule,
parcequ'il eſt plus facile de les empêcher de
tirer, lorſqu'ils ont le fuſil ſur l'épaule, que lorſqu'ils l'ont ſur le bras gauche, en marchant à
l'ennemi les armes préſentées, mouvement des
plus dangereux. C'eſt auſſi la raiſon pour laquelle
on oblige les officiers d'avoir des eſpontons : car
ne pouvant tirer, ils empêchent le ſoldat de le
faire ; au lieu qu'ayant des fuſils, ils tirent les
premiers, & les ſoldats les imitent. Car il ne faut
qu'un ſeul coup, en préſence de l'ennemi, pour
faire tirer un bataillon, une brigade, une ligne,
une colonne entière : je n'ai que trop de ces exemples à citer là-deſſus, & nos militaires n'en ſçauroient diſconvenir. Mon devoir m'oblige à ne
point flatter dans une choſe de ſi grande conſéquence. Je me trouve obligé de dire que notre infanterie, quoique la plus valeureuſe de l'Europe, n'eſt point en état de ſoutenir une charge,
dans un lieu où elle peut être abordée par de
l'infanterie moins valeureuſe qu'elle, mais mieux
exercée & mieux diſpoſée pour une charge ; &

les succès que nous avons dans les batailles ne doivent s'attribuer qu'au hasard, ou à l'habileté que nos généraux ont de réduire les combats à des points ou affaires de poste, où la seule valeur des troupes & leur opiniâtreté l'emportent ordinairement, lorsque le général sçait faire ses dispositions en conséquence, c'est-à-dire, de manière à pouvoir soutenir les attaques. Mais c'est une chose qu'on ne peut pas toujours faire, & que le général ennemi peut empêcher, s'il est habile, s'il connoît vos défauts & ses avantages. Ce que j'avance ici est soutenu par des preuves.

A la bataille d'Hochstet, vingt-deux bataillons, qui étoient au centre, tirèrent en l'air, & furent dissipés par trois escadrons ennemis qui avoient passé le marais devant eux : les ennemis furent repoussés au village de Blintheim, & ils ne se rendirent qu'après que les armées furent retirées.

Luzara en Italie, affaire de poste.

Ramilly, affaire de plaine.

Denain, affaire de poste.

Malplaquet : ce qu'il y avoit en plaine, plia ; ce qui étoit posté se maintint longtems, & coûta beaucoup de chevaux aux alliés.

Parme,

Parme, affaire de poste.

Dettingen, affaire de plaine.

Fontenoy : ce qui étoit en plaine plia ; ce qui étoit posté se maintint.

Raucoux, affaire de poste uniquement, quoiqu'il y eût beaucoup de plaine ; mais on n'attaqua que les postes.

Lawfeld, affaire de plaine réduite à des attaques de postes.

C'est donc un grand défaut dans une infanterie, de ne pouvoir l'employer qu'à de certaines parties de la guerre. On se révolte sans doute contre ces sentimens. Mais je ne sçais s'il y a beaucoup de nos généraux qui osassent entreprendre de passer une plaine avec un corps d'infanterie devant un corps de cavalerie nombreuse ; & se flatter de pouvoir se soutenir plusieurs heures avec quinze ou vingt bataillons au milieu d'une armée, comme ont fait les Anglois à Fontenoy, sans qu'aucune charge de cavalerie les ait ébranlés ou fait dégarnir de leur feu. Ce sont des choses que nous avons tous vues : mais l'amour-propre fait qu'on ne veut point en parler, parcequ'on sent bien qu'on n'est point en état de les imiter.

Les Romains, en cela tout différens des autres

Tome II.   Kk

peuples de la terre, se sont fait de la guerre une
méditation continuelle ; &, dès qu'ils ont apperçu
des méthodes supérieures à la leur, ils les ont em-
braffées, en renonçant à celles dont ils s'étoient
servis jusques-là. Annibal ayant reconnu les défauts de son infanterie, la forma en légions, & lui
donna les armes & la façon de combattre des Romains : le gain de la bataille de Cannes en fut la
récompense.

Quant au choix précisément de l'exercice de
l'un des détachemens, sur lequel le roi m'a fait
l'honneur de me demander mon avis, je donnerois la préférence à celui d'Alsace. Une lettre ne
sçauroit contenir les raisons qui me déterminent
à ce choix, & un mémoire sur cette matière ne
feroit qu'ouvrir la porte à des écrits dont vous
devez être fatigué : outre que c'est un genre d'é-
crire dont je voudrois bien être dispensé.

FIN DU SECOND TOME.

TABLE

DES

CHAPITRES ET ARTICLES

DU SECOND TOME.

Kk ij

CHAPITRE QUATRIEME.

CHAPITRE CINQUIEME.

CHAPITRE SIXIEME.

CHAPITRE SEPTIEME.

CHAPITRE HUITIEME.

CHAPITRE NEUVIEME.

REFLEXIONS SUR LA PROPAGATION

DIFFERENTES PIECES RELATIVES A L'HISTOIRE ABREGE'E DU MARECHAL COMTE DE SAXE.

FIN DE LA TABLE DU SECOND TOME.